CB057471

A HISTÓRIA DAS CAMISAS DOS 10 MAIORES TIMES DA EUROPA

MAURICIO RITO | RODOLFO RODRIGUES

© Maurício Rito e Rodolfo Rodrigues

Diretor editorial
Marcelo Duarte

Diretora comercial
Patty Pachas

Diretora de projetos especiais
Tatiana Fulas

Coordenadora editorial
Vanessa Sayuri Sawada

Assistentes editoriais
Alice Vasques de Camargo
Lucas Santiago Vilela

Assistentes de arte
Alex Yamaki
Daniel Argento

Projeto gráfico e diagramação
Maurício Rito

Capa
Alex Yamaki

Revisão
Luis Curro
Gustavo Carvalho
Sérgio Miranda Paz

Impressão
RR Donnelley

CIP – BRASIL. CATALOGAÇÃO NA FONTE
SINDICATO NACIONAL DOS EDITORES DE LIVROS, RJ

Rito, Maurício, 1971-
A história das camisas dos 10 maiores times da Europa/ Maurício Rito, Rodolfo Rodrigues. – São Paulo: Panda Books, 2013. 216 pp.

ISBN: 978-85-7888-270-9

1. Jogadores de futebol – Uniformes. 2. Futebol – Europa – Uniformes.
I. Rodrigues, Rodolfo, 1975-. II. Título.

13-2126 CDD: 796.334
         CDU: 796.332

2013
Todos os direitos reservados à Panda Books.
Um selo da Editora Original Ltda.
Rua Henrique Schaumann, 286, cj. 41
05413-010 – São Paulo – SP
Tel./Fax: (11) 3088-8444
edoriginal@pandabooks.com.br
www.pandabooks.com.br
twitter.com/pandabooks
Visite também nossa página no Facebook.

Nenhuma parte desta publicação poderá ser reproduzida por qualquer meio ou forma sem a prévia autorização da Editora Original Ltda. A violação dos direitos autorais é crime estabelecido na Lei nº 9.610/98 e punido pelo artigo 184 do Código Penal.

Agradeço às minhas filhas Raíssa e Thaíssa, à minha esposa Edna e a toda minha família. Gostaria também de agradecer aos amigos, em especial àqueles que estão ajudando minha filha em seu tratamento de terapia.
Mauricio Rito

Meus agradecimentos são para os meus filhos Vinícius e Gustavo.
Rodolfo Rodrigues

Sumário

Apresentação 6

Prefácio 7

Arsenal (ING) 9

Barcelona (ESP) 26

Bayern Munique (ALE) 39

Chelsea (ING) 55

Internazionale (ITA) 72

Juventus (ITA) 97

Liverpool (ING) 116

Manchester United (ING) 133

Milan (ITA) 154

Real Madrid (ESP) 177

Liga dos Campeões da Europa (Finais) 193

Os autores 215

Apresentação

Este livro foi feito a partir de referências fotográficas, camisas de colecionadores, livros e sites. Ficaram de fora camisas de treino, aquelas feitas apenas para serem comercializadas em lojas, como algumas de linha retrô, e até camisas que foram produzidas para serem utilizadas em partidas oficiais, mas que nunca foram usadas de fato. Procuramos ainda redesenhar as camisas retratando fielmente os detalhes do modelo original.

Porém, por se tratar de ilustrações, não é possível chegar à exatidão em alguns casos. Pela falta de referências, sabemos também que alguns modelos podem ter ficado de fora dessa pesquisa. Por isso, caso você tenha algum modelo de camisa para acrescentar a este trabalho, entre em contato conosco, enviando um e-mail para editorial@pandabooks.com.br.

OS AUTORES

PREFÁCIO

Quando, em 1974, entrei pela primeira vez na redação de *A Gazeta Esportiva*, lá na Barão de Limeira, parecia estar vivendo um conto de fadas. Passei a conviver com nomes famosos, meus ídolos de matérias maravilhosas e até meu inspirador na carreira, o grande Horácio Marana. Com o passar dos dias, entrando na rotina da nova vida, comecei a observar um homem muito organizado, que lia muitas revistas e fazia anotações em fichas individuais com nomes de estranhos jogadores. Elas eram guardadas, carinhosamente, por ordem alfabética, num armário Fiel, o mais chique da época. Demorei para ter coragem de me aproximar, porém, certo dia, aquele senhor circunspecto, percebendo minha curiosidade, chamou-me de lado e passou a falar das suas fichas. Eram biografias atualizadas dos grandes ídolos do futebol europeu. Confesso que fiquei surpreso com o fato de alguém se preocupar com isso. Recém-saído das arquibancadas, meu mundo ideal estava aqui no Brasil, com nossos times e apenas nossos jogadores.

Não precisou muito tempo para que, no entanto, essa opinião mudasse. As "fichas mágicas" do grande Solange Bibas mudaram e ampliaram minha visão de futebol. Passei a conhecer craques que só me interessavam de quatro em quatro anos, durante as Copas do Mundo – e mesmo naquele 1974 a encantadora Holanda já não foi tão enigmática para mim. Com os craques vieram os times, suas torcidas fanáticas, seus jogos históricos e suas camisas. Nas revistas do Bibas comecei a ver as cores vivas e diferentes daquelas históricas equipes. Em 1989, quando meu mundo já passava por transmissões esportivas como repórter, fui convidado para comentar o Campeonato Italiano, no auge de Van Basten, Gullit, Careca e Maradona, Milan e Napoli. Aí já era fanático por tudo aquilo.

Com a violência das torcidas aumentando aqui no Brasil, passei a perceber, cada vez mais, garotinhos deixando em casa os uniformes de seus verdadeiros times, trocando-os por aquelas camisas internacionais, que eu tanto admirava. Nas viagens profissionais, elas passaram a ocupar cada vez maior espaço em minhas bagagens, até entrarem com naturalidade nas lojas brasileiras. Hoje, no dia a dia, lá estão elas.

Este livro, que nos é aqui oferecido, vai abrir a história desses grandes clubes através de seus mantos, de sua evolução e significados, ano após ano. Fico muito grato a esses pesquisadores. Minha coleção de camisas terá agora a luz das histórias contadas pelos desenhos e formatos, que afinal revelam a real história dessas grandes equipes.

Ao ver o pessoal daqui trajando uma delas sentirei a mesma abertura que senti ao acessar o armário de Solange Bibas, lá atrás. Lindo trabalho. Aqueles que estão acostumados com as tardes memoráveis de Liga dos Campeões e outros grandes campeonatos da Europa poderão conhecer também essa variedade de modelos, hoje modernos, partindo dos primeiros que deram origem a tudo. É um grande mergulho na história dessas equipes, contada através desses uniformes, usados com enorme orgulho como verdadeira segunda pele pelos torcedores de lá, e também daqui. Curta.

FLAVIO PRADO
Comentarista da Rádio Jovem Pan e da Gazeta Esportiva
e apresentador do programa *Mesa Redonda*, na TV Gazeta

ARSENAL
INGLATERRA

Em 1886, o Arsenal foi fundado com o nome de Dial Square por um grupo de trabalhadores da Woolwich Arsenal Armament Factory, uma fábrica de armas de Londres. Na formação de sua primeira equipe, o clube buscou três jogadores do Nottingham Forest: Fred Beardsley, Bill Parr e Charlie Bates. Esses três atletas levaram então ao novo clube o uniforme do time em que jogavam, composto com uma camisa vermelho-escura, shorts brancos e pesadas meias de lã com listras azuis e brancas. E foi com essa combinação que o clube jogou até 1918. Essa camisa grená fez sucesso, servindo inclusive de inspiração para o Sparta Praga, da República Tcheca, que após um amistoso contra o Arsenal, em 1906, adotou o mesmo uniforme, utilizado até hoje.

Em 1919, o Arsenal clareou sua camisa e passou a jogar de vermelho. Mas foi só em março de 1933 que o clube começou a vestir a tradicional camisa vermelha com as mangas brancas. O técnico Herbert Chapman, que já dirigia o clube desde 1925, sugeriu que o Arsenal adotasse uma camisa mais distinta, parecida com o modelo vestido por seu amigo Tom Webster em jogos de golfe, com um colete vermelho sobre uma camisa branca. Quase trinta anos depois, no início da década de 1960, o Arsenal teve sua primeira mudança significativa na camisa, adotando a gola redonda, careca, no lugar da tradicional gola polo. Já em 1967, passou a jogar definitivamente com o escudo – na época, apenas o famoso símbolo do canhão – no lado esquerdo da camisa. Em 1978, os Gunners passaram e exibir pela primeira vez o logotipo do fornecedor de seu material esportivo (Umbro). Pouco depois, em 1981, começaram a mostrar o patrocinador na camisa.

Na temporada de 2005-06, quando se despediu do antigo estádio e da sede em Highbury – sua casa desde 1913 –, o Arsenal voltou a jogar com a camisa grená, deixando de lado a vermelha e branca. Já entre suas camisas reservas, o clube variou, desde sua fundação (em 1886) até os anos 1950, entre camisas brancas e azul-escuras. Em 1950, na final da FA Cup, a Copa da Inglaterra, o clube vestiu uma camisa amarela, que deu sorte e trouxe o título sobre Liverpool. Desde então, a cor passou a ser muito utilizada pelos Gunners.

Uma curiosidade sobre o uniforme principal do Arsenal – a tradicional camisa vermelha com mangas brancas – é que o clube jamais jogou com outro short, a não ser o branco. Esse seu tradicional uniforme foi copiado pelo Braga, de Portugal, em meados dos anos 1940.

ARSENAL

1886 | 1889

1889 | 1895

A primeira camisa do Arsenal, na cor grená, foi inspirada na camisa do Nottingham Forest, em 1886. Quase dez anos depois, na temporada 1895-96, o clube inovou e jogou com uma camisa listrada nas cores azul e grená. O modelo não fez sucesso e foi logo abandonado. Na temporada seguinte (1896-97), o Arsenal voltou a usar a camisa vermelho-escura.

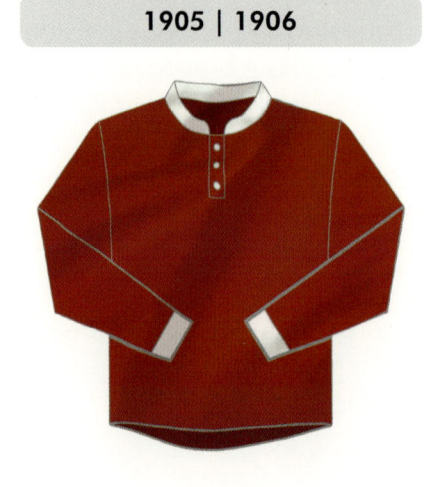

1895

1895 | 1896

1896 | 1902

1903 | 1905

1905 | 1906

1906 | 1908

ARSENAL

1907 | 1918

1908 | 1909

1910 | 1911

1911 | 1912

1912 | 1918

1918 | 1919

1919 | 1928

1920 | 1921

Em agosto de 1919, após o fim da Primeira Guerra Mundial e quando ingressou na então reformulada primeira divisão do Campeonato Inglês, o Arsenal adotou o vermelho como cor oficial de sua camisa, abandonando o grená. Nesse período, o clube fez também outra sutil mudança, trocando seu nome oficial, Arsenal Football Club, para The Arsenal Football Club Ltd.

ARSENAL

1927

1928 | 1929

No torneio de clubes mais antigo do mundo, a Copa da Inglaterra, disputada desde 1871, os clubes ingleses tradicionalmente usavam camisas com escudos (quando isso não era usual, até os anos 1950), e até camisas alternativas. Em 1927, em sua primeira final de FA Cup, o Arsenal perdeu para o Cardiff City jogando com escudo pela primeira vez.

1928 | 1929

1929 | 1930

1929 | 1939

1930

1930 | 1931

Em sua segunda final da Copa da Inglaterra, em 1930, o Arsenal entrou no estádio de Wembley com sua tradicional camisa vermelha, mas com um novo escudo, já com o canhão incorporado. Assim, o time comandado pelo técnico Herbert Chapman conquistou seu primeiro título oficial, vencendo o Huddersfield Town na final por 2 X 0.

ARSENAL

1931 | 1932

1931 | 1933

Na final da Copa da Inglaterra de 1932, o Arsenal voltou a colocar o distintivo no lado esquerdo da camisa, assim como havia feito nas finais da FA Cup de 1927 e 1930. No jogo contra o Newcastle, perdido por 2 X 1, o novo escudo já não tinha mais o canhão. O modelo da camisa usada nesse jogo também marcou a volta da gola branca.

1932

Por sugestão do técnico Herbert Chapman, o Arsenal ganhou uma camisa com mangas brancas. O treinador se inspirou no amigo Tom Webster, famoso cartunista esportivo, que costumava jogar golfe vestindo um colete vermelho sobre a camisa branca. Champman queria ver seu time mais distinto em campo. Nesse período, o clube passou a jogar com números nas costas.

1933 | 1943

1936

Na final da FA Cup contra o Sheffield United (vitória por 1 X 0), o Arsenal jogou com sua tradicional camisa com o escudo no peito pela primeira vez. O novo distintivo trazia, abaixo das iniciais do clube, a data da temporada (1935-36). Pouco antes, no dia 29 de fevereiro de 1936, jogou contra o Barnsley, com um modelo alternativo, com faixas horizontais.

1936

ARSENAL

1940 | 1953

1945 | 1957

Na decisão da Copa da Inglaterra de 1950, contra o Liverpool (que jogou todo de vermelho), o Arsenal inovou e entrou em campo, no estádio de Wembley, vestido de amarelo. Com a vitória por 2 X 0 e a grandiosa conquista, o time adotou então o amarelo como uma de suas cores para o segundo uniforme. Para a torcida do Arsenal, essa é a camisa reserva preferida.

1950

1952

1952

Em 28 de fevereiro de 1953, na derrota para o Blackpool (2 X 1), pela FA Cup, o Arsenal teve de escolher uma camisa com listras pretas e brancas verticais – o adversário jogou de laranja. Foi a única vez que o time jogou assim. Pouco depois, a Federação Inglesa proibiu o uso de camisas nesse modelo, alegando que eram parecidas com as utilizadas pelos árbitros.

1953

1953 | 1957

ARSENAL

1957 | 1958

1957 | 1960

O Arsenal abandona o estilo camisa de rúbgi, com gola polo e botões, e passa a vestir camisas mais leves, de algodão. A gola da camisa fica no formato V. Pouco depois, na temporada 1960-61, o time voltou a usar as camisas estilo "rúbgi", mas em jogos eventuais. Na década de 1960 a camisa com a gola redonda foi predominante.

1958 | 1960

1959 | 1960

1960 | 1961

1960 | 1961

1960 | 1961

1960 | 1968

ARSENAL

1961 | 1962

1962 | 1963

1962 | 1965

1965 | 1967

1967 | 1969

Para a temporada 1967-68, o Arsenal escolheu um modelo de uniforme com camisa azul-escura e calção branco, igual ao do rival Tottenham, causando confusão na época. Pouco depois, em 1969, a Federação Inglesa proibiu o uso de camisas nessa cor, alegando que eram parecidas com as utilizadas pelos árbitros.

1967 | 1978

1969 | 1977

Em 1967, as camisas do Arsenal passaram a contar com o brasão do canhão do lado esquerdo do peito. Foi com essa camisa que o clube conquistou pela primeira vez os dois principais títulos de seu país na temporada 1970-71: o Campeonato Inglês e a Copa da Inglaterra. Em 1971, esse modelo de camisa passou a ser fabricado pela Umbro.

ARSENAL

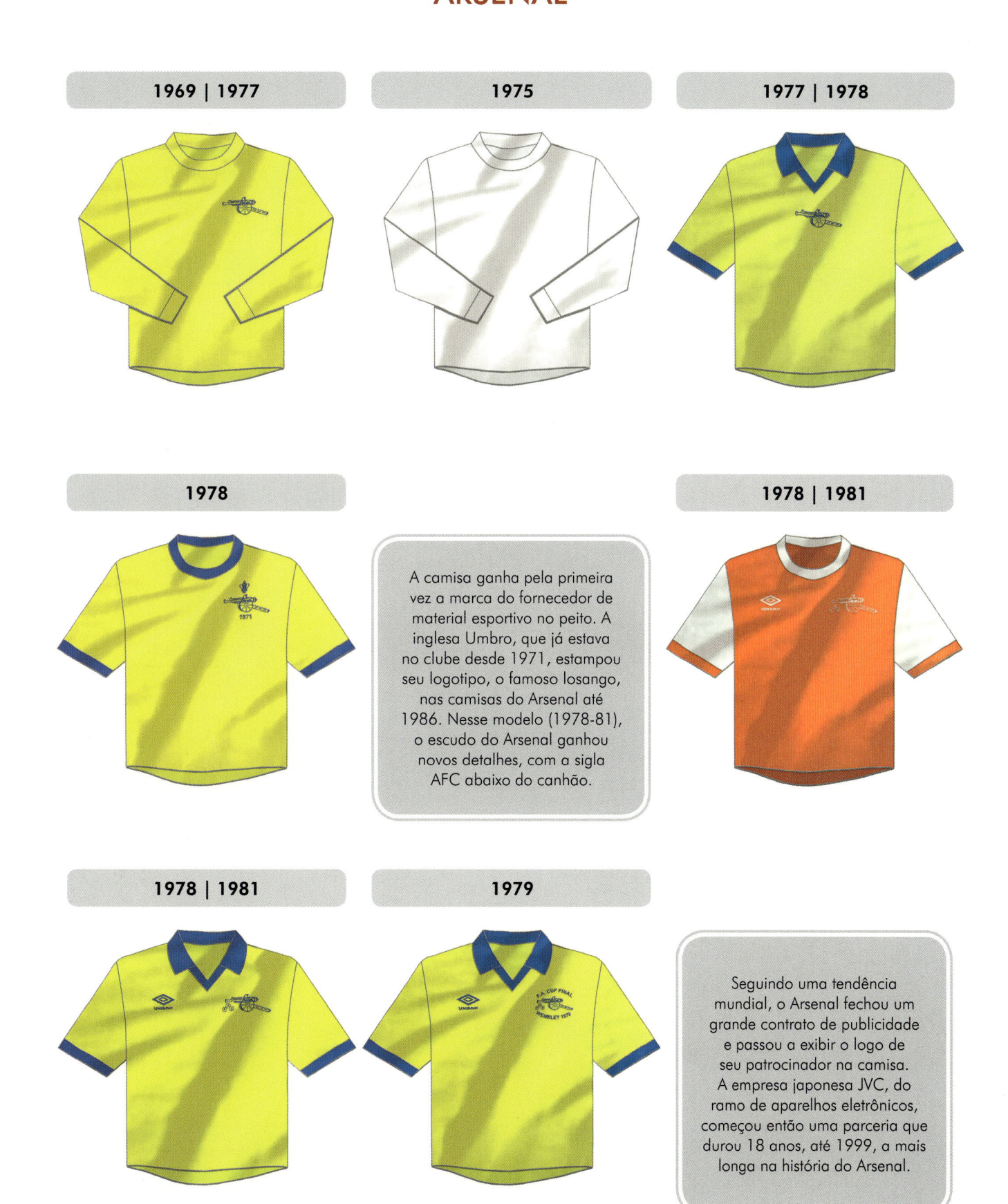

1969 | 1977

1975

1977 | 1978

1978

A camisa ganha pela primeira vez a marca do fornecedor de material esportivo no peito. A inglesa Umbro, que já estava no clube desde 1971, estampou seu logotipo, o famoso losango, nas camisas do Arsenal até 1986. Nesse modelo (1978-81), o escudo do Arsenal ganhou novos detalhes, com a sigla AFC abaixo do canhão.

1978 | 1981

1978 | 1981

1979

Seguindo uma tendência mundial, o Arsenal fechou um grande contrato de publicidade e passou a exibir o logo de seu patrocinador na camisa. A empresa japonesa JVC, do ramo de aparelhos eletrônicos, começou então uma parceria que durou 18 anos, até 1999, a mais longa na história do Arsenal.

ARSENAL

1981 | 1982

Entre 1969 e 1982, o Arsenal usou como segundo uniforme a camisa amarela, calção azul e meias amarelas. No início da década de 1980, assim como o Leeds, o Arsenal passou a jogar com essa camisa em todos os jogos fora de casa, sempre que houvesse qualquer conflito com sua tradicional camisa. Na época, surgiu então o termo *away kit*, ou uniforme de visitante.

1981 | 1982

1982 | 1983

Assim como diversos clubes ingleses no início dos anos 1980, o Arsenal apostou na cor verde para a sua camisa reserva. Foi a primeira e última vez que o clube usou essa cor em uma temporada. A péssima campanha no Campeonato Inglês (10º lugar) fez com que a camisa, já pouco popular, caísse em desgosto perante sua torcida.

1982 | 1984

1983 | 1986

1984 | 1985

No ano em que comemorou seu centenário, o Arsenal procurou não fugir de suas tradições e manteve sua camisa vermelha com mangas brancas como a principal. A única mudança ocorreu no escudo do clube, que ganhou o escrito "Centenary Year" (Ano do Centenário) acima do distintivo. Esse foi também o último modelo da Umbro, que deu lugar à Adidas.

ARSENAL

1985 | 1986

1986 | 1988

1986 | 1988

1988 | 1990

1988 | 1991

1990 | 1992

1991 | 1993

1992 | 1994

Conhecida como *Bruised Banana* ou "Banana Madura", essa camisa reserva do Arsenal entrou para a história como uma das mais feias de todos os tempos, não só do clube, como do futebol. E o pior foi que o Arsenal manteve essa camisa por duas temporadas (1991-92 e 1992-93). Uma novidade nesse período foi a presença do novo escudo.

ARSENAL

1993 | 1994

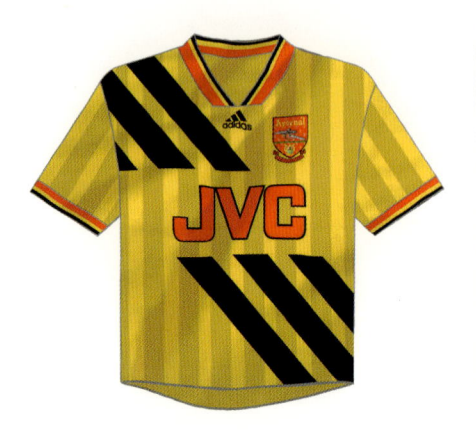

1994 | 1996

Depois de oito anos sendo vestido pela alemã Adidas, o Arsenal trocou de fornecedor de material esportivo, dando lugar para a norte-americana Nike, que permanece até hoje no clube. Em seu primeiro modelo, a Nike já exibiu o escudo remodelado do Arsenal, que voltou a ficar no lado esquerdo (anteriormente estava no meio da camisa).

1994 | 1995

1994 | 1996

A entrada da Nike fez com que o Arsenal tivesse pela primeira vez três uniformes em uma só temporada. A camisa azul, que havia sido utilizada pela última vez em 1969, voltou a ser a número dois do time. A amarela, preferida dos seus torcedores, foi relegada como terceira escolha e pouco utilizada durante a temporada.

1995 | 1996

1996 | 1997

1996 | 1998

20

ARSENAL

1997 | 1999

1998 | 1999

1998 | 1999

1998 | 1999

1999 | 2000

1999 | 2000

2000 | 2002

2000 | 2002

Seguindo a onda de inovações no mundo do futebol, o Arsenal estilizou sua camisa amarela e apresentou um modelo na cor dourada na temporada 2001-02. A camisa fez sucesso entre os torcedores e foi mantida para a temporada seguinte (2002-03), quando mudou de patrocinador – saiu Sega e entrou O_2.

ARSENAL

2001 | 2002

2002 | 2003

2002 | 2003

2002 | 2004

2003 | 2004

2004 | 2005

2004 | 2005

2005 | 2006

> Para comemorar a sua última temporada no estádio Highbury, sua casa desde 1913, o Arsenal deixou de lado a tradicional camisa vermelha e branca e adotou o grená como sua camisa principal durante a temporada 2005-06. O modelo remetia à primeira camisa do clube, utilizada entre 1886 e 1918. Detalhes dourados foram acrescentados à camisa.

ARSENAL

2005 | 2006

2005 | 2006

2006 | 2007

2006 | 2008

2007 | 2008

Como forma de homenagear o técnico Herbert Chapman, que influenciou a escolha das mangas brancas na camisa vermelha nos anos 1930, o Arsenal criou uma camisa branca, que não usava desde 1968. O técnico, que introduziu as meias listradas, foi homenageado também na camisa três, com listras horizontais vermelhas e azuis.

2007 | 2008

2008 | 2009

2008 | 2010

ARSENAL

2009 | 2010

2009 | 2010

2010 | 2011

2010 | 2011

> No ano em que comemorou seu 125º aniversário, o Arsenal criou um escudo comemorativo, com louros ao lado do distintivo, representando os fundadores do clube e o lema "Forward", ou "Avançar", relacionado com o armamento e batalhas, remetendo também aos fundadores do clube que trabalhavam numa fábrica de armas em 1886.

2011 | 2012

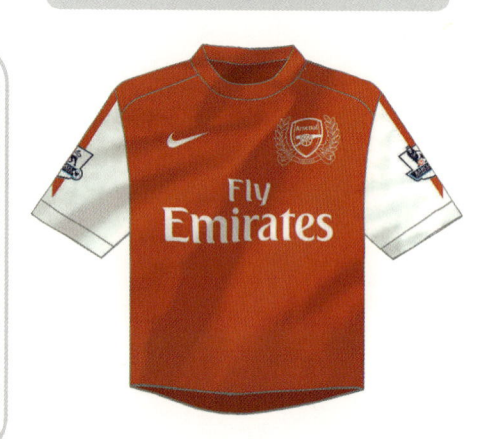

2011 | 2012

2011 | 2012

2011 | 2012

ARSENAL

2012 | 2013

2012 | 2013

BARCELONA
ESPANHA

A origem do Barcelona, suas cores e sua camisa procedem do suíço Hans-Max Gamper. Apaixonado por esportes, ele foi capitão do FC Basel, da Suíça, clube de futebol fundado em 1893. Pouco depois, em 1896, foi um dos fundadores do FC Zurique, também da Suíça. Ex-jogador de tênis, golfe e rúgbi, Gamper foi para a cidade de Barcelona em 1898 visitar seu tio Emili Gaissert e de lá não saiu mais. Entusiasmado pelo crescimento do futebol na Catalunha, Gamper resolveu publicar no jornal *Los Esportes* uma chamada para a criação de um novo clube de futebol no dia 22 de outubro de 1899. Um mês e uma semana depois, com a participação de mais 12 entusiastas do esporte, foi fundado então o Foot-Ball Club Barcelona, no dia 29 de novembro.

No princípio, as cores adotadas pelo clube foram o azul e o grená (ou *blaugrana*, em catalão). Até hoje, existem várias versões para essa escolha. Nem mesmo o clube confirma oficialmente qual delas é verdadeira. A mais aceita e provável é que Hans Gamper, que depois mudou seu nome para Joan Gamper, inspirou-se na camisa do Basel, também metade azul e metade vermelha. Outra hipótese era a de que os fundadores se inspiraram nas cores das canetas usadas na ata da fundação (vermelha e azul). Já uma terceira versão, pouco aceita, é a de que a mãe de um dos jogadores do clube distribuiu faixas azuis e vermelhas para os jogadores nos primeiros treinos para diferenciar as equipes, quando o time ainda não tinha uniforme.

Mas, independentemente da origem correta da escolha das cores, o Barcelona nunca mais deixou de vestir sua tradicional camisa azul e grená desde 1899 como a sua principal e também nos jogos disputados em casa, no estádio Camp Nou. Desde então, o uniforme da equipe sofreu pouquíssimas variações. O calção e o meião, que no início eram brancos, foram usados na cor preta entre 1910 e 1917. Depois disso, o calção passou a ser azul, cor que permanece até hoje – apenas na temporada 2005-06 foi usado (e muito criticado) na cor grená.

Em seu uniforme reserva, o Barcelona, assim como vários outros clubes da Europa, sempre variou na escolha das cores de sua camisa número dois. No princípio, na década de 1920, sua primeira camisa reserva foi na cor branca. Depois, nos anos 1930, mudou para o azul. Nas décadas seguintes (de 1940, 1950 e 1960), passou para o grená. Já nos anos 1970, a camisa reserva voltou a ser amarela. Desde então, de 1980 para cá, passou por diversas transformações – azul, vermelha, laranja, verde, cinza, dourada, preta, azul-celeste, bege e, mais recentemente, laranja e amarela, remetendo às cores da bandeira da Catalunha.

BARCELONA

1899 | 1909

Há três hipóteses para a origem da escolha das cores e da camisa do Barcelona. A mais aceita é a de que seu fundador, o suíço Joan Gamper, que depois virou jogador do clube, inspirou-se na camisa do FC Basel, da Suíça, semelhante a essa do Barça. O curioso é que desde o princípio o clube já usava escudo na camisa.

Em 1910, a camisa do Barcelona sofreu grandes alterações, ganhando listras menores. Além disso, os botões foram abandonados e a gola da camisa passou a conter cordinhas. Outra mudança visível foi a entrada do novo escudo, criado por Carles Comamala, jogador do clube entre 1903 e 1912, que ganhou o concurso de desenho criado pelo presidente Joan Gamper.

1910 | 1913

1910 | 1920

Alguns anos após a sua fundação, o Barcelona, assim como muitos clubes da época, contou com uma camisa branca, reserva. Como seu uniforme principal é bem escuro e diferente dos demais, raramente essa camisa dois foi utilizada pelo clube. Após o início do Campeonato Espanhol, na temporada 1928-29, é que o Barça chegou a utilizá-la mais, em alguns jogos como visitante.

1913 | 1920

1920

1920

BARCELONA

1920 | 1936

1920 | 1936

1930

1930 | 1940

1930 | 1940

1930 | 1940

1936 | 1939

1939 | 1946

> Em 1939, o uniforme do Barça passou por alterações. Seu meião, antes preto, ficou azul, assim como é hoje – às vezes com faixas grenás. Já a camisa exibe o novo escudo, com as iniciais CFB no lugar do tradicional FCB. Nesse período, marcado pela ditadura e pela imposição do castelhano, o clube foi obrigado a trocar seu nome de Foot-Ball Club para Club de Fútbol.

BARCELONA

1939 | 1949

1940 | 1950

Nas décadas de 1940 e 1950, foram raras as vezes em que o Barcelona usou a camisa branca. Na temporada 1946-47, atuou assim contra o Levante e o Pontevedra, fora de casa. Nessa época, as camisas do Barcelona – a principal também – ficaram marcadas pela ausência do escudo. Na década de 1960, porém, o clube voltou a utilizá-lo.

1940 | 1950

1949 | 1973

1950

1951 | 1960

1960

1960

BARCELONA

1960 | 1974

O Barça usou a camisa branca em competições europeias nas décadas de 1960 e 1970. Foi assim na final da Copa da Uefa de 1960, contra o Birmingham (ING); na Copa dos Campeões de 1959-60, contra o Milan (ITA); e na Copa da Uefa de 1965-66, contra o Hannover (ALE). Já nos anos 1970, jogou assim contra o Internazionale (ITA) e o Steaua (ROM), pela Recopa, e contra o Vasas (HUN), pela Copa da Uefa.

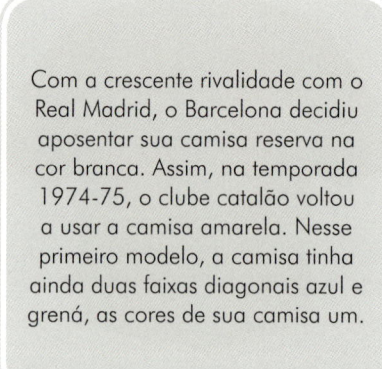

1961

1970

Com a crescente rivalidade com o Real Madrid, o Barcelona decidiu aposentar sua camisa reserva na cor branca. Assim, na temporada 1974-75, o clube catalão voltou a usar a camisa amarela. Nesse primeiro modelo, a camisa tinha ainda duas faixas diagonais azul e grená, as cores de sua camisa um.

1974 | 1975

1974 | 1980

Em 1974, o escudo do time foi redesenhado e inserido na camisa. Depois de muita briga, o clube ganhou o direito de usar suas iniciais FCB no lugar do CFB. A troca de nome, dessa vez, foi do castelhano para o catalão, virando Futbol Club Barcelona.

O final da década de 1970 marcou a despedida da camisa branca do Barcelona. Um dos últimos jogos em que o time atuou assim foi contra o Aston Villa (ING), pelas quartas de final da Copa da Uefa, no dia 1º de março de 1978. Em 2012, uma das camisas desse jogo foi leiloada por 18 mil euros. Em 1979, o Barça voltou a jogar de branco contra o Ipswich Town (ING), pela Recopa Europeia.

BARCELONA

1975 | 1979

1980 | 1989

No início dos anos 1980, a camisa do Barcelona passou a exibir o logotipo do seu fornecedor de material esportivo. A primeira empresa a estampar sua marca foi a Meyba, que ficou como parceira do clube até 1992. O modelo da camisa, que incrivelmente foi o mesmo por todo esse período, resgatou a gola polo, utilizada nos anos 1960, e inovou com detalhes nos ombros.

1980 | 1989

1980 | 1992

1986

1990 | 1992

1991 | 1992

Em seu último ano no Barcelona, a empresa Meyba criou como camisa reserva um modelo na cor laranja, a mistura das cores da bandeira da Catalunha (amarelo e vermelho). Apesar de não muito bonita, essa camisa deu sorte ao clube e até hoje é tratada com carinho. Foi com ela que o Barcelona ganhou sua primeira Liga dos Campeões da Europa, em 1992, sobre a Sampdoria (ITA).

BARCELONA

1992

1992 | 1994

Na temporada 1992-93, o Barcelona trocou o seu fornecedor de material esportivo. Saiu a espanhola Meyba e entrou a italiana Kappa. Essa nova empresa vestiu o clube até 1998. No início, no modelo da camisa de 1992, os detalhes brancos nos ombros da camisa causaram estranheza e polêmica, assim como seu uniforme reserva, na cor verde.

1992 | 1995

1994

1995 | 1997

1995 | 1997

1995 | 1997

1997 | 1998

BARCELONA

1997 | 1998

1997 | 1998

1997 | 1998

1998 | 1999

1998 | 1999

Em 1998, a empresa norte-americana Nike investiu pesado e passou a ser a nova fornecedora de material esportivo do Barça. No primeiro modelo, a grande mudança foi colocar o logo do clube no centro da camisa. Já a inspiração para essa camisa foi o modelo utilizado pelo Barcelona na década de 1930.

1999 | 2000

2000 | 2001

No ano em que comemorou seu centenário, o Barça reeditou sua primeira camisa. Porém com alguns detalhes novos. As mangas e os ombros ficaram na cor azul-escura. Ao lado do escudo, as datas de fundação (1899) e do centenário (1999). Nas costas, os números deixaram de ser amarelos e ficaram dourados. Essa foi uma das camisas mais vendidas na história do clube.

BARCELONA

2001 | 2002

2001 | 2002

2001 | 2002

2002 | 2003

2002 | 2003

Em 2002, o escudo volta a ficar posicionado no lado esquerdo da camisa. O distintivo, aliás, foi o último reestilizado pelo clube. Em 2002, o desenhista Claret Serrahima modernizou o escudo alterado pela última vez em 1975. Outra mudança na camisa, em relação ao modelo 2001-02, foi o fim das mangas diferentes (antes uma estava azul e a outra, grená).

2002 | 2003

2003 | 2004

2003 | 2004

BARCELONA

2004 | 2005

2004 | 2005

Na temporada 2005-06, o Barcelona passou a exibir na manga esquerda de sua camisa o logo da TV3 (amarelo, com um triângulo vermelho e o número 3). A emissora oficial da Catalunha exibiu também sua marca nas camisa do maior rival do Barcelona, o Espanyol. Esse *patch* ficou na camisa do Barcelona até o final da temporada 2010-11.

2005 | 2006

2005 | 2006

2006

Exatamente no dia 19 de setembro de 2006, o Barça quebrou uma tradição de mais de cem anos e deixou de jogar com a camisa "limpa". O clube resolveu abraçar a causa do Unicef, o Fundo das Nações Unidas para a Infância, e passou a exibir a logomarca do orgão por um período de cinco anos.

2006 | 2007

2006 | 2007

BARCELONA

2007 | 2008

2007 | 2008

Em 2007, o Barcelona comemorou o aniversário de cinquenta anos de seu estádio, o Camp Nou. Para celebrar, o clube colocou, ao lado do escudo da camisa, louros, o nome do estádio e as datas "1957-2007". A camisa reserva, azul-celeste, também exibiu essa comemoração para o maior estádio da Espanha.

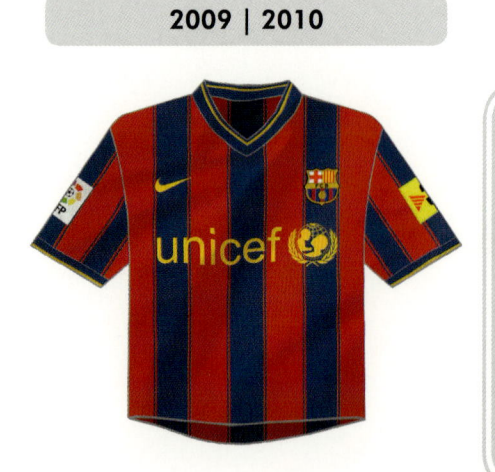

2008 | 2009

2008 | 2009

2009

2009 | 2010

2009 | 2010

O slogan, em catalão, mais famoso do Barcelona é: "Més que un club", que em português significa "Mais do que um clube". Na temporada 2009-10, apenas no Torneo Joan Gamper, o Barça inovou e colocou a palavra Més em destaque na camisa reserva, no lugar do Unicef. Essa camisa azul trazia ainda faixas nas cores vermelho, azul e laranja, jamais vistas antes.

BARCELONA

2009 | 2010

2009 | 2010

O uniforme da temporada 2010-11 foi um dos mais atípicos na tradicional história das camisas do Barça. Pela primeira vez, a camisa passou a ter grandes detalhes amarelos (na gola e na barra das mangas). Além disso, o calção deixou de ser azul e ficou grená, assim como as meias, descaracterizando bastante o uniforme. Foi a única vez que o clube jogou assim.

2010 | 2011

Campeão do Mundial de Clubes da Fifa em 2009, o Barcelona foi o primeiro clube a usar o escudeto de campeão mundial da entidade em sua camisa. O escudeto, puxando mais para a cor bronze, foi usado no meio da camisa, entre o logo da Nike e o distintivo do clube. Outro detalhe nessa camisa foi, posteriormente, o logo "Respect" na manga, da campanha da Uefa contra o racismo.

2010 | 2011

2010 | 2011

2010 | 2011

2010 | 2011

BARCELONA

2011	2011	2012	2011	2012

2012	2013	2012	2013	2013	2014

2013 | 2014

BAYERN MUNIQUE
ALEMANHA

O Bayern Munique foi fundado no dia 27 de fevereiro de 1900 por 18 jogadores de futebol, liderados por Franz John, que decidiram abandonar o clube de ginástica Münchner TurnVerein (MTV) 1879, que não se animou a entrar na Liga da DFB, a Federação Alemã de Futebol. No início, o Fussball Club Bayern München sofreu com problemas financeiros e, através de fusões com outros clubes, conseguiu se manter até virar a maior potência do futebol alemão.

Em seus primeiros anos, o Bayern adotou uma camisa azul-celeste, com calção branco e meias pretas como seu primeiro uniforme, seguindo as cores do MTV1879. Pouco depois, porém, em 1902, o Bayern passou a atuar com uma camisa toda branca. Em 1906, após a fusão com o Münchner Sport Club (MSC), o Bayern seguiu jogando de branco, mas passou a usar calção e meião vermelhos (principal cor do Münchner) – antes disso essas peças eram pretas. Desde então, o branco e o vermelho tornaram-se as principais cores do clube, que eventualmente também colocava o azul em seu uniforme como no período entre 1909 e 1912, quando utilizou uma camisa com listras verticais azuis e vermelhas no lugar da camisa branca.

Em 1919, após a Primeira Guerra Mundial, o Bayern desfez a união com o Münchner, que desviou seu foco para o hóquei e o tênis – esportes ainda ativos no clube. Sem o MSC, o Bayern juntou-se então ao Turn und Sportverein 1890 Jahn München. Mas essa nova fusão durou apenas até 1924. Nesse ano, o Bayern seguiu seu caminho de forma independente e passou a usar o seu novo escudo na camisa, com os tradicionais losangos azuis e brancos, representando o estado da Baviera (Bayern, em alemão).

Já em 1932, o Bayern conquistou seu primeiro título alemão e se firmava como um dos principais times do país. Porém, com o início da Segunda Guerra Mundial, em 1938, o Bayern foi duramente castigado, perdendo seu crescente desenvolvimento. Seu presidente, Kurt Landauer, e o técnico Richard Dombi, judeus, tiveram que deixar o país. Nesse período, o Bayern foi obrigado a usar em sua camisa o símbolo do nazismo. Ao final da guerra, em 1945, o Bayern ficou enfraquecido e começou seu processo de reconstrução. Em 1963, no início da Bundesliga, o Campeonato Alemão profissionalizado e modernizado, o Bayern foi preterido na escolha dos times que figurariam na elite. O Munique 1860 foi o escolhido para representar a cidade no primeiro ano da competição. Dois anos depois, porém, o Bayern ingressou na Bundesliga e deu início à sua hegemonia local. Nesse período, o clube já havia adotado o uniforme todo vermelho como o seu reserva. Já na década de 1970, no período mais vitorioso de sua história, o Bayern transformou esse uniforme todo vermelho no seu principal.

BAYERN MUNIQUE

A primeira camisa do Bayern Munique foi na cor azul-celeste, a mesma do clube Münchner TurnVerein 1879, de onde vieram os jogadores que resolveram fundar o Bayern. Esse modelo, porém, durou apenas até 1902, quando foi trocado pelo branco. Como a cor do rival Munique 1860 é também azul-celeste, o Bayern nunca mais voltou a usar essa camisa.

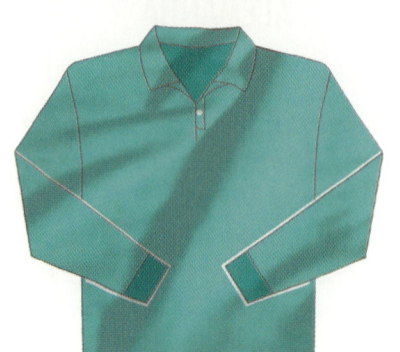

1900 | 1901

1901 | 1902

1902 | 1908

1908 | 1909

1909 | 1911

1910 | 1912

1912 | 1919

1919 | 1924

BAYERN MUNIQUE

1924 | 1925

1925 | 1927

1927 | 1931

1931 | 1938

Durante a Segunda Guerra Mundial, o Bayern Munique foi obrigado a tirar o seu escudo do peito da camisa e colocar no lugar o símbolo do Partido Nazista da Alemanha. Conhecido por ser o clube dos judeus – seu presidente e o técnico do clube nesse período eram judeus –, o Bayern foi um dos clubes mais prejudicados durante a guerra.

1938 | 1945

1945 | 1955

Somente na temporada 1955-56 é que o Bayern Munique passou a jogar com uma camisa reserva, na cor vermelho-escura. A camisa branca continuou sendo a número um. Na temporada seguinte, 1956-57, o clube repetiu a escolha. Porém, somente depois de 1963-64 é que o Bayern passou a jogar definitivamente com, no mínimo, duas camisas por temporada.

1955 | 1957

BAYERN MUNIQUE

1955 | 1958

1958 | 1959

1959 | 1962

1962 | 1966

O Bayern mudou a tonalidade da cor vermelha em sua camisa. O modelo anterior, mais escuro e próximo à cor vinho, deu lugar a um novo, com a cor vermelha mais clara, como nos dias de hoje. Essa camisa, porém, fazia parte ainda do uniforme reserva, todo vermelho, que só viria a ser o principal do clube na temporada de 1975-76.

1963 | 1966

1966 | 1967

1966 | 1971

1967 | 1968

BAYERN MUNIQUE

1968 | 1969

1968 | 1971

> Durante quatro temporadas essa camisa com listras verticais vermelhas e brancas passou a ser a número um do Bayern. Relembrando o modelo utilizado entre 1927 e 1931, era a primeira entre as quatro que o time usou nesse período. As outras eram a azul e vermelha (listrada, número dois), a branca e a vermelha.

1969 | 1973

1969 | 1973

1971 | 1972

1971 | 1973

> Para a temporada de 1973-74, o Bayern deixou de usar quatro modelos de camisa e fez apenas dois. A camisa branca, depois de sete anos, voltou a ser a principal do clube. A novidade nesse modelo foram as faixas laterais, azuis e vermelhas. Já a camisa dois, inovadora, foi vermelha com finas listras brancas. Essa foi a única temporada em que o time atuou com esse modelo.

1973 | 1974

BAYERN MUNIQUE

1973 | 1974

1974 | 1977

No início da temporada de 1974-75, o Bayern aboliu o escudo de sua camisa e passou a exibir o logo e o nome da Adidas, seu patrocinador e também fornecedor de material esportivo – que, aliás, segue no clube até hoje. Pouco depois, em 1976, na decisão do título do Mundial contra o Cruzeiro (BRA), o Bayern jogou com a camisa "limpa", já que o regulamento da competição não permitia o uso de patrocinadores.

1974 | 1977

1975 | 1976

1976

1976

1977 | 1978

1978 | 1979

BAYERN MUNIQUE

1978 | 1979	1979 | 1980	1979 | 1980
1980 | 1981	1980 | 1981	1981 | 1982
1981 | 1982	1982 | 1983	1982 | 1983

BAYERN MUNIQUE

No começo da década de 1980, o Bayern seguiu a tendência dos clubes europeus e começou a jogar com um terceiro uniforme. Assim, nas temporadas de 1982-83 e 1983-84, o time usou uma camisa amarela, mas em poucas partidas da Bundesliga. Curiosamente, o uniforme tinha ainda o calção azul-claro e as meias brancas, muito semelhante ao da Seleção Brasileira.

1982 | 1983

1983 | 1984

1983 | 1984

1984 | 1986

1984 | 1986

1986 | 1987

1986 | 1987

1987 | 1988

BAYERN MUNIQUE

1987 | 1989	1988 | 1989	1989 | 1990
1989 | 1990	1989 | 1991	1989 | 1991
1989 | 1991	1990 | 1991	1991 | 1993

BAYERN MUNIQUE

1991 | 1993

1991 | 1993

1993 | 1995

1993 | 1995

1993 | 1996

1994

A temporada de 1995-96 foi marcada por mudanças nas camisas do Bayern. Depois de muito tempo, o clube voltou a apresentar quatro diferentes modelos de camisa. A número um, depois de 1968-69, voltou a ser a listrada, azul e vermelha. A dois foi a amarela, a três, a branca, e a camisa quatro, pela primeira vez, foi na cor preta.

1995 | 1996

1995 | 1996

BAYERN MUNIQUE

1995 | 1996

1996 | 1997

1996 | 1997

1997 | 1998

1997 | 1999

Depois de dois anos utilizando a camisa com listras azuis e vermelhas como a sua número um, o Bayern mudou e criou um novo modelo como o seu principal. Nele, a cor azul prevalecia e o vermelho era usado apenas com uma faixa abaixo do peito e nas mangas. Nessa temporada, o clube voltou a jogar todo de vermelho, algo que não fazia desde 1995.

1998

1998 | 1999

Para a temporada de 1998-99, o Bayern voltou a jogar com quatro diferentes camisas. As mais diferentes foram a reserva, com a metade de cima branca e a metade de baixo vermelha, e a camisa cinza com as mangas vermelhas, criada para jogos internacionais. Essa camisa foi usada na final da Liga dos Campeões de 1999, na derrota para o Manchester United (ING).

BAYERN MUNIQUE

1998 | 1999

1999 | 2000

Reza a lenda que quando uma camisa fica bonita e agrada ao torcedor, ela é mantida para a temporada seguinte. E foi assim com o modelo 1999-2000, utilizado também em 2000-01. A camisa vermelha com o ombro azul fez sucesso com o tricampeonato alemão. Na final da Liga dos Campeões de 2001, porém, o modelo usado foi o vermelho, para jogos internacionais.

1999 | 2001

2000 | 2002

2000 | 2002

2001

2001 | 2002

2002 | 2003

BAYERN MUNIQUE

2002	2004	2002	2004	2004	2005

2004	2006	2004	2006	2005	2006

2005	2006	2006	2007	2007	2008

51

BAYERN MUNIQUE

2007 | 2009

2008 | 2009

Pela primeira vez em sua história o Bayern jogou com uma camisa com listras horizontais. A tradicional camisa toda vermelha deixou de ser utilizada nas temporadas 2007-08 e 2008-09. O segundo modelo tinha a camisa branca e o terceiro era todo preto. Campeão alemão com essa camisa listrada, o Bayern voltou a utilizá-la na temporada de 2008-09.

2008 | 2009

2009 | 2010

2009 | 2010

2009 | 2010

2009 | 2010

2010 | 2011

BAYERN MUNIQUE

2010 | 2011

2010 | 2011

2011 | 2012

2011 | 2012

2011 | 2012

O Bayern Munique vem utilizando a camisa branca como seu segundo uniforme em jogos de competições nacionais desde 2006-07. O patrocínio é da Liga Total, nome da Supercopa Alemã, disputada entre os campeões do campeonato e da copa desde 2009. A competição é patrocinada pela Deutsche Telekom, que é o principal patrocinador também do time de Munique.

2012

2012 | 2013

2012 | 2013

BAYERN MUNIQUE

2012 | 2013

2013

2013 | 2014

2013 | 2014

2013 | 2014

CHELSEA
INGLATERRA

Ao contrário de muitos outros clubes, o Chelsea foi fundado para ser o time de um estádio já existente. Em 1904, o empresário Gus Mears comprou definitivamente o terreno no bairro de Fulham, sudoeste de Londres, e construiu ali o então segundo maior estádio da Inglaterra, o Stamford Bridge, menor apenas do que o estádio do Crystal Palace. No ano seguinte, Mears tentou alugar o campo ao Fulham, principal time da região. Mas o alto preço fez com que o clube recusasse a oferta. Mears ficou desapontado, mas seguiu com o seu sonho de criar um clube forte para a cidade de Londres, até então sem um grande representante na região. Nascia assim, no dia 10 de março de 1905, o Chelsea Football Club, que teve seu nome escolhido à frente de outras opções, como Kensington FC, Stamford Bridge FC e London FC.

No início, o clube foi presidido por Henry Cadogan, o Visconde de Chelsea. E foi ele que introduziu as cores do novo clube: o *eton blue* e o branco, que representavam as equipes de corrida da família Cadogan. Calção branco e meias pretas completavam o primeiro uniforme do clube.

Após a Primeira Guerra Mundial, porém, o clube alterou o tom de sua camisa e adotou o azul-royal como a cor oficial de sua camisa número um. Desde então, nunca mais mudou, algo raro entre as equipes inglesas. Essa tradição com a cor azul, aliás, é muito exaltada pelo clube, apelidado de Blues, "azul" em português. Seu hino oficial também faz alusão à cor e começa assim: "Blue is the colour, football is the game", ou "Azul é a cor, futebol é o jogo".

Já em 1964, por sugestão do técnico da equipe, Tommy Docherty, o Chelsea fez uma mudança significativa em sua vestimenta, adotando o calção azul no lugar do branco no primeiro uniforme. Os meiões seguiam brancos, como no início daquela década. A inédita combinação no futebol inglês fez com que o clube ficasse mais distinto em relação aos rivais (como o Tottenham e o Everton, que usavam uniformes semelhantes).

Desde então, o Chelsea nunca mais deixou de jogar com sua camisa e calção azuis no uniforme principal. Apenas as meias (brancas ou azuis) variaram nesses quase cinquenta anos. Se algum adversário do Chelsea entrar em campo com calção azul ou de outra cor parecida, causando conflito, o clube simplesmente troca seu uniforme todo, jogando com o reserva – ora branco, ora amarelo, ora preto nesses últimos tempos.

CHELSEA

1905 | 1911

1905 | 1911

O primeiro uniforme do Chelsea foi feito com a camisa principal na cor *eton blue*, escolhida pelo seu primeiro presidente, Henry Cadogan, o visconde de Chelsea, que já usava essa cor nas equipes de corrida da família Cadogan. O primeiro calção do time era branco e as meias eram pretas. Entre 1915 e 1918, o time passou a jogar com meias azuis.

1911 | 1912

1911 | 1912

1912 | 1920

1914 | 1915

1920 | 1929

Após a Primeira Guerra Mundial, o Chelsea resolveu trocar a tonalidade do azul de sua camisa. Saiu o *eton blue*, entrou o azul-royal. Desde então, nunca mais o time mudou de cor em sua camisa principal. Naquela época, o calção do time era branco, e as meias voltaram a ser pretas. Foi com essa combinação que o Chelsea jogou até 1959, quando passou a usar meiões azuis.

CHELSEA

1922 | 1924

1924 | 1925

1929 | 1935

1929 | 1953

1931

Em 1931, no jogo contra o Birmingham, pela Copa da Inglaterra, o Chelsea precisou jogar com sua camisa reserva, já que o adversário, que jogava em casa, tinha as mesmas cores: camisa azul e calção branco. Como de costume em jogos da FA Cup, o Chelsea apareceu com uma camisa alternativa e atuou de preto e branco pela primeira vez na história.

1936 | 1937

1950

1953 | 1955

CHELSEA

1955 | 1957

1957 | 1958

1958 | 1959

1958 | 1961

1959 | 1960

> No início da década de 1960, cinco anos após ganhar seu primeiro título inglês (1955), o Chelsea adicionou o escudo em sua camisa. Inspirado no emblema da casa de armas do Distrito Metropolitano de Chelsea e com o leão do símbolo da casa de armas da família Cadogan, do primeiro presidente do clube, o escudo foi o oficial até 1986.

1960 | 1961

1961 | 1962

1961 | 1962

CHELSEA

1961 | 1962

1962 | 1963

1962 | 1963

1963 | 1964

> Por sugestão do técnico Tommy Docherty, o Chelsea trocou o calção branco pelo azul em 1964, fazendo uma das mudanças mais significativas em seu uniforme. Desde então, o clube jamais voltou a entrar em campo com camisa azul e calção branco. Quando não fosse possível jogar com camisa e calção azul, o Chelsea simplesmente trocava seu uniforme e entrava em campo com o reserva.

1964 | 1968

> Em 1964, o Chelsea fez algumas mudanças no uniforme. Na camisa, deixou de usar o escudo oficial e colocou apenas as iniciais CFC – foi assim até 1967. Outra novidade foi o número da camisa, que passou a ser utilizado também na parte da frente do calção – o Chelsea foi o primeiro clube inglês a fazer isso. Essa moda durou até 1973 e voltou uma única vez, em 1977.

1964 | 1965

1964 | 1965

CHELSEA

1964 | 1965

1965 | 1967

1965 | 1967

1966

1966 | 1967

Na semifinal da Copa da Inglaterra de 1966, o Chelsea perdeu o jogo para o Sheffield Wednesday por 2 X 0. Nessa partida, o time londrino usou pela primeira vez uma camisa com listras verticais azuis e pretas, calção preto e meias pretas. A inspiração desse uniforme foi a Internazionale de Milão (ITA), bicampeã europeia em 1964-65.

1967 | 1970

1968 | 1970

Na temporada 1967-70, o Chelsea mudou o distintivo da camisa. As iniciais CFC perderam o destaque e ficaram reduzidas, abaixo do desenho do leão do escudo oficial da equipe. Em 1971, o clube estampou ao lado do escudo da camisa a imagem da taça da Recopa Europeia. Depois disso, até 1986, duas estrelas, representando o título inglês de 1965 e a FA Cup de 1970.

CHELSEA

| 1970 | 1970 | 1970 | 1971 |

| 1970 | 1971 | 1971 | 1972 | 1972 |

| 1972 | 1973 | 1972 | 1973 | 1972 | 1975 |

61

CHELSEA

1973 | 1975

1974 | 1975

1974 | 1975

1975 | 1976

1975 | 1977

Rebaixado para a segunda divisão, o Chelsea disputou a temporada 1975-76 com mudanças na camisa. Relembrando os modelos utilizados nos anos 1930, 1940 e 1950, o clube voltou a jogar com uma camisa com gola polo branca. Mas a grande novidade mesmo foi a entrada da marca do fornecedor de material esportivo, a inglesa Umbro, que ficou até 1981 no clube.

1977 | 1978

1977 | 1981

Assim como alguns outros clubes ingleses (Newcastle e Wigan), o Chelsea se inspirou nas cores da camisa da Seleção Brasileira para fazer o seu segundo uniforme. A camisa amarela, já utilizada anteriormente pelo clube, ganhou detalhes verdes e foi usada nas temporadas 1978-79 e 1980-81.

CHELSEA

1978 | 1981

1980 | 1981

Em 1981, a empresa francesa Le Coq Sportif substituiu a Umbro e passou a ser a nova fornecedora de material esportivo do Chelsea, que então disputava a segunda divisão do Campeonato Inglês. Esse primeiro modelo apresentou listras brancas sutis na camisa azul, que passou a ter o escudo centralizado no peito e linhas vermelhas na gola e nas mangas.

1981 | 1983

1981 | 1983

Com o time de volta à primeira divisão, na temporada 1984-85, o Chelsea entrou em campo pela primeira vez estampando o logo do seu patrocinador na camisa, a companhia aérea Gulf Air. A primeira aparição com essa camisa foi em dezembro de 1984. O modelo, aliás, trazia pequenas listras vermelhas e brancas entres os dois tons de azul.

1983 | 1984

1983 | 1984

1984 | 1985

CHELSEA

1984 | 1985

1985 | 1986

1985 | 1986

1986 | 1987

1986 | 1987

Depois de encerrar o seu contrato com a Le Coq, o Chelsea disputou a temporada de 1986-87 com uniformes de fabricação própria – novidade entre os clubes ingleses. Com a marca Chelsea Collection, o clube criou dois modelos. O primeiro, azul, com inéditas listras brancas nos ombros. Já a camisa dois, azul-esverdeada, foi apelidada de Jade – uma pedra ornamental.

1987 | 1988

1987 | 1989

Após seis temporadas, a camisa do Chelsea voltou a ser fabricada pela Umbro – que ficou no clube até 2006. Nesse modelo 1987-88, outra novidade foi o novo patrocinador, a Commodore, fabricante de computadores. Depois da Gulf Air, em 1984-85, esse foi o segundo patrocinador na camisa do Chelsea. A Commodore ficou na camisa do time até 1994.

CHELSEA

1987 | 1989 **1988 | 1989** **1989 | 1990**

1989 | 1991 **1990 | 1991**

> Seguindo a tendência dos anos 1990, a Umbro criou um modelo bastante inovador de camisa reserva para o uniforme do Chelsea, com diversas formas geométricas. De gosto bastante contestável, a chamada Sampdoria no catálogo da Umbro foi utilizada como camisa dois nas temporadas de 1990-91 e 1991-92.

1990 | 1992 **1991 | 1993** **1991 | 1993**

CHELSEA

1992 | 1994

1993 | 1994

1993 | 1994

1994 | 1995

Depois de usar camisas brancas, amarelas e vermelhas, o Chelsea apresentou novas cores para a segunda camisa em 1994-95. Pela primeira vez em sua história, o clube jogou de cinza com detalhes laranjas. Esse modelo ficou marcado, já que foi com essa camisa que o holandês Ruud Gullit fez sua primeira exibição pelo Chelsea. Apesar de não agradar muito, essa camisa foi usada por mais uma temporada (1995-96).

1994 | 1996

1995 | 1997

Desde 1981, na época da Le Coq, a camisa do Chelsea apresentava alguns detalhes vermelhos. Na temporada 1995-96, a cor foi banida da camisa e deu lugar ao amarelo. Essa camisa, utilizada também na temporada 1996-97, quando o clube foi dirigido por Ruud Gullit, é tida como uma das mais bonitas da história do clube por seus torcedores.

1995 | 1997

CHELSEA

1997 | 1998

1997 | 1999

No ano em que conquistou a Recopa Europeia pela segunda vez, o Chelsea vestiu uma camisa azul que trazia na parte de baixo das mangas detalhes brancos. Em toda a sua história, nunca a cor branca teve tanto espaço na camisa quanto nesse modelo, utilizado nas temporadas de 1997-98 e 1998-99. Nessa mesma época, o uniforme todo branco foi adotado como o segundo e o todo amarelo, como o terceiro do time londrino.

1998 | 2000

1998 | 2000

1999 | 2001

2000 | 2001

2001 | 2002

2001 | 2002

CHELSEA

2001 | 2003

2002 | 2003

Com a autorização da Premier League, que criou uniformes coloridos para os árbitros, os clubes foram autorizados a jogar de preto nos anos 2000. Para a temporada 2002-03, o Chelsea lançou o uniforme todo preto como o seu reserva. Chamada de Carbon pela fabricante Umbro, a camisa tornou-se um sucesso de vendas e desde então vem sendo utilizada com frequência.

2002 | 2004

2003 | 2005

2004 | 2005

2005 | 2006

2005 | 2006

Na temporada em que comemorou o seu centenário, o Chelsea utilizou uma camisa azul com detalhes dourados e estreou o novo escudo na camisa. Nas mangas aparece o logo da Premier League, o Campeonato Inglês. Essa temporada de 2005-06, na qual o Chelsea conquistou o bicampeonato inglês, marcou também a despedida da Umbro, fornecedora de material esportivo do clube desde 1987, que deu lugar à Adidas.

CHELSEA

2006	2007	2006	2007	2006	2008

2007	2008	2007	2008	2008	2009

2008	2009	2008	2009	2009	2010

CHELSEA

2009	2010	2009	2010	2010	2011

2010	2011	2010	2011	2011	2012

2011	2012	2011	2012	2012	2013

CHELSEA

| 2012 | 2013 | 2013 | 2014 | 2013 | 2014 |

INTERNAZIONALE
ITÁLIA

Fundado em 1899 por ingleses, o Milan foi cada vez mais dando espaço aos italianos na equipe e deixando os estrangeiros em segundo plano. Isso causou insatisfação geral dos gringos, que em 1908 se rebelaram, deixaram o clube e fundaram uma nova equipe na cidade de Milão. Liderados pelo suíço Giorgio Muggiani, 44 ex-membros do Milan criaram, então, no dia 9 de março, o Football Club Internazionale Milano. O nome foi escolhido pelo desejo de seus fundadores em aceitar e valorizar os estrangeiros da equipe, tradição fortemente mantida até hoje. Muggiani, um desses idealizadores da Inter, era cartunista na época e foi quem criou o primeiro escudo do clube e também seu uniforme, parecido com o do Milan, mas com o azul no lugar do vermelho.

Vinte anos depois, porém, o clube precisou abandonar seu tradicional uniforme. Em 1928, durante o período fascista, a Inter foi obrigada a se fundir com o Unione Sportiva Milanese e passou a se chamar Società Sportiva Ambrosiana. Sua camisa, então, passou a ser toda branca, com a cruz da bandeira da cidade de Milão. No ano seguinte, o clube mudou novamente o nome para Associazione Sportiva Ambrosiana, mas seus torcedores continuavam chamando a equipe de Inter, que voltou a jogar de *nerazzurri* (negro e azul). Pouco depois, em 1931, o novo presidente, Pozziani, aceitou os pedidos e trocou o nome do clube para Associazione Sportiva Ambrosiana-Inter. Com o fim da Segunda Guerra Mundial, porém, em 1945, a Inter voltou a ser chamada pelo nome orginal (Football Club Internazionale Milano), permanecendo assim até hoje.

Desde os anos 1940, então, a camisa da Inter sofreu pequenas alterações. A maioria delas no escudo, trocado pelo clube em dez ocasiões. Ou ainda nas faixas, que ficavam maiores ou menores a cada temporada. Apenas no final dos anos 1970 é que vieram as primeiras grandes modificações. Em 1977, foi a entrada do logo da Puma, seu primeiro fornecedor de material esportivo. Já em 1981, foi a vez de surgir o primeiro patrocinador na camisa, a Inno-Hit. No mesmo ano, o clube passou a usar o seu escudo, curiosamente, na manga da camisa.

Nos anos 1990, surgem as grandes inovações, principalmente com a entrada definitiva das terceiras camisas. No começo, amarelas e cheias de detalhes. Depois, passando para o vermelho, laranja e até para o azul e preto, mas com listras horizontais. A camisa de 1928-29, branca com a cruz vermelha, foi reeditada em 2007-08 e permaneceu até 2010. Confira essas e outras camisas da Inter, com suas curiosidades, nas próximas páginas.

INTERNAZIONALE

1908 | 1909

1908 | 1909

A primeira camisa da Inter e suas cores foram criadas pelo suíço Giorgio Muggiani, um dos fundadores do clube. Ex-integrante do Milan, ele optou pela cor azul no lugar da vermelha do rival. No primeiro ano, a Inter chegou a utilizar três diferentes modelos. O primeiro com gola branca e os outros dois com golas pretas e listras mais finas e mais grossas.

1908 | 1909

1909 | 1910

Na temporada 1910-11, o capitão da equipe da Internazionale sempre entrava em campo com o escudo da cidade de Milão na camisa. Curiosamente, o mesmo utilizado pelo rival Milan. Isso ficou valendo até a temporada de 1913-14. Oficialmente, a Inter só colocou seu escudo na camisa em 1929.

1909 | 1914

1910 | 1914

1910 | 1914

INTERNAZIONALE

| 1913 | 1914 | 1914 | 1915 | 1919 | 1920 |

| 1920 | 1921 | 1920 | 1921 | 1920 | 1924 |

| 1920 | 1924 | 1921 | 1924 | 1922 | 1923 |

INTERNAZIONALE

1924 | 1928

1925 | 1926

Na década de 1920, a Inter passou a jogar com outras camisas reservas que não a branca. Um dos modelos foi essa branca, com apenas uma faixa preta e azul no peito. Em 1927-28, porém, o time utilizou uma curiosa camisa na cor marrom. Bastante incomum, deixou de ser usada e nunca mais apareceu na história do clube.

1925 | 1926

1926 | 1927

1927 | 1928

Na temporada 1928-29, durante o período fascista, a Internazionale, time com forte presença estrangeira, foi obrigada a se fundir com o Unione Sportiva Milanese e passou a se chamar Società Sportiva Ambrosiana. Sua camisa azul e preta foi brevemente abandonada e o clube jogou a temporada com uma camisa branca com a cruz da bandeira da cidade de Milão.

1928 | 1929

1929 | 1930

INTERNAZIONALE

| 1930 \| 1931 | 1930 \| 1931 | 1930 \| 1931 |

| 1931 \| 1936 | 1932 \| 1936 | 1936 \| 1937 |

| 1938 \| 1940 | 1939 \| 1940 |

Campeã italiana de 1939--40, a Inter passa a utilizar o escudeto de campeã italiana na camisa. Nessa temporada, o clube conquistou seu quinto título nacional. Depois disso, foram mais 13 títulos e sempre, a cada conquista, a Inter voltava a usar o escudeto. Após seu décimo título, em 1966, passou a usar uma estrela na camisa.

INTERNAZIONALE

1939	1940	1939	1940	1940	1941

1940	1941	1941	1947	1941	1947

1946	1947	1946	1947	1946	1948

INTERNAZIONALE

1947	1948	1947	1948	1948	1949

1948	1952	1949	1951	1950	1951

1950	1951	1950	1951	1951	1952

INTERNAZIONALE

1952 | 1953 **1953 | 1955**

Na temporada de 1952-53, a Inter adotou como segunda camisa um modelo na cor cinza, pouco comum para a época. O cinza foi utilizado até a temporada de 1957-58. Contudo, durante o período de 1956-61, a camisa branca voltou a entrar em cena acompanhada de duas listras diagonais (uma azul e outra preta).

1953 | 1955 **1953 | 1955** **1956 | 1957**

1956 | 1961 **1957 | 1958** **1957 | 1958**

INTERNAZIONALE

1958	1960	1958	1960	1958	1961

1960	1961	1961	1962	1961	1963

1962	1963	1963	1964	1963	1964

INTERNAZIONALE

1964	1964	1965	1964	1965

1964	1965	1965	1966	1965	1966

1965	1966	1966	1967	1966	1967

INTERNAZIONALE

1966	1967	1967	1967	1970

1967	1971	1970	1971	1970	1971

1971	1972	1971	1972	1971	1972

INTERNAZIONALE

1972	1972	1973	1972	1974

1973	1974	1974	1975	1974	1975

1975	1976	1975	1978	1976	1978

INTERNAZIONALE

1977 | 1978

1977 | 1978

Na temporada de 1977-78, a Inter passa a exibir o logo do seu fornecedor de material esportivo, a Puma. A empresa alemã fica na equipe até 1981. Nesse último ano, cria um modelo inédito, amarelo, como terceira camisa. De cara, ele não foi muito bem-aceito. Porém, nos anos 1990, essa camisa voltou a ser bastante utilizada, também como terceiro uniforme.

1977 | 1978

1978 | 1979

1978 | 1979

1978 | 1979

1979 | 1980

1979 | 1980

INTERNAZIONALE

1979 | 1980

1980 | 1981

1980 | 1981

1980 | 1981

Durante o período de 1981 a 1986, a camisa da Inter foi confeccionada pela Mecsport, fabricante italiana de material esportivo. Basicamente, em relação à camisa feita pela Puma, a grande diferença esteve na manga, que passou a contar com o escudo do time no lado direito. Nesse período, o clube também trocou seu primeiro patrocinador (Inno Hit) pela Misura.

1981 | 1982

1981 | 1982

1981 | 1982

1982 | 1983

85

INTERNAZIONALE

1982 | 1983

1983 | 1984

1983 | 1986

1983 | 1986

1986 | 1987

Após o término do contrato com a Mecsport, a Internazionale fechou com a francesa Le Coq Sportif para ser sua nova fornecedora de material esportivo. A empresa, porém, ficou pouco tempo, por apenas duas temporadas. Em 1988-89, a alemã Uhlsport foi quem confeccionou a camisa do time de Milão. Mas também ficou pouco, até 1991, quando deu lugar à Umbro.

1986 | 1988

1987 | 1988

1988 | 1989

INTERNAZIONALE

1988 | 1989

1989 | 1990

1989 | 1990

1990 | 1991

1990 | 1991

1991 | 1992

1991 | 1992

Na temporada de 1991-92, a Inter trocou mais uma vez de fornecedor de material esportivo e fechou com a Umbro. De cara, a empresa inglesa resgatou a terceira camisa, feita pela Puma em 1980. Assim, criou uma camisa amarela reserva, cheia de detalhes no peito e nos ombros. A partir daí, o clube não deixou mais de ter uma terceira camisa.

1991 | 1992

INTERNAZIONALE

1991 | 1992	1992 | 1993	1992 | 1994
1992 | 1995	1993 | 1994	1993 | 1994
1993 | 1995	1994 | 1995	1994 | 1995

INTERNAZIONALE

Para a temporada de 1994-95, a Umbro desenvolveu uma quarta camisa para a Inter. Além da tradicional azul e preta e das reservas branca e amarela, foi criada uma camisa vermelha. Mesmo sendo a cor que a diferencia do rival Milan, essa camisa foi bem-aceita, já que a Inter teve uma ligação com a cor vermelha na época em que mudou o nome para Ambrosiana.

1994 | 1995

1995 | 1996

1995 | 1996

1995 | 1996

1996 | 1997

1996 | 1997

1996 | 1997

1997 | 1998

INTERNAZIONALE

1997 | 1998

1997 | 1998

A terceira camisa da Inter para a temporada 1997-98 ganhou faixas invertidas, horizontais. Apenas entre 2004 e 2006 o clube de Milão voltou a usar uma camisa assim. Usada em jogos internacionais, o atípico modelo deu até sorte para a Inter, que na época contava com o brasileiro Ronaldo. Com ela, o time foi campeão da Recopa Europeia sobre o Paris Saint-Germain (FRA).

1998 | 1999

1998 | 1999

1998 | 1999

1999 | 2000

1999 | 2000

1999 | 2000

INTERNAZIONALE

2000 | 2001	2000 | 2001	2000 | 2001
2000 | 2001	2001 | 2002	2001 | 2002
2001 | 2002	2002 | 2003	2002 | 2003

INTERNAZIONALE

2002	2004	2003	2004	2003	2004

2004	2005	2004	2005	2004	2005

2005	2006	2005	2006	2005	2006

INTERNAZIONALE

2006 | 2007

2006 | 2007

2007 | 2008

2007 | 2008

2007 | 2008

No dia 27 de abril de 2008, na vitória por 2 X 1 sobre o Cagliari, pelo Campeonato Italiano, no estádio San Siro, a Inter entrou em campo com o patrocínio da Pirelli escrito em mandarim. A iniciativa do clube foi ganhar mais simpatizantes na China, onde a Pirelli havia acabado de lançar um logo na cidade de Shangai.

2007 | 2008

2007 | 2008

No ano em que comemorou seu centenário, a Inter inovou apenas no seu terceiro uniforme. O clube resgatou o modelo utilizado em 1928-29, quando passou a ser chamado de Ambrosiana. Naquela época, sua camisa principal deixou de ser azul e preta e o clube jogou de branco, com a cruz vermelha, símbolo da bandeira da cidade de Milão.

INTERNAZIONALE

2007 | 2008

2008 | 2009

2008 | 2009

2008 | 2009

2008 | 2009

2008 | 2010

2009 | 2010

2009 | 2010

2009 | 2010

INTERNAZIONALE

2009 | 2010

2010

2010 | 2011

2010 | 2011

2010 | 2011

Em meados de 2010, a Inter lançou uma camisa branca com um detalhe inovador. Uma serpente, mascote do clube, aparecia em toda a lateral esquerda da camisa, subindo até os ombros, parecendo até uma tatuagem. A mascote foi escolhida pelo clube após o título da Copa dos Campeões da Europa em 1963-64, quando o time foi apelidado de serpente.

2010 | 2011

2010 | 2011

2010 | 2011

INTERNAZIONALE

| 2010 | 2011 | 2011 | 2012 | 2011 | 2012 |

| 2011 | 2012 | 2011 | 2012 | 2012 | 2013 |

| 2012 | 2013 | 2013 | 2014 | 2013 | 2014 |

JUVENTUS
ITÁLIA

Em novembro de 1897, um grupo de estudantes da escola Massimo D'Azeglio Lyceum se empolgou com o crescimento do futebol na Itália e decidiu criar um novo clube para a cidade de Turim. Nascia assim o Sport Club Juventus. O nome da equipe foi uma homenagem aos jovens estudantes, já que Juventus, no latim antigo, significa "juventude".

Enrico Canfari, primeiro presidente do clube, foi quem decidiu como seria o primeiro uniforme: camisa rosa, calção preto e meias pretas. A cor inusitada foi escolhida por ser autêntica e diferente de outras já existentes em outros clubes do país. Principalmente do seu primeiro rival e primeiro adversário, o FC Torinese – que em 1906 se tornaria Torino. E foi de rosa que a Juventus estreou no Campeonato Italiano, em 1900.

Pouco depois, em 1903, a Juve decidiu trocar sua camisa. Um dos membros do clube, o inglês John Savage, sócio e também alfaiate, foi incumbido de buscar um novo uniforme. Ele escreveu então para um amigo da cidade de Nottingham, na Inglaterra, pedindo ajuda. Algum tempo depois, recebeu 15 camisas do Notts County, time de coração do seu amigo, com listras verticais pretas e brancas. Desde então, essa tornou-se a camisa principal da Juve, que depois passou a ser chamada de Bianconera. E dessa camisa surgiu também a zebra, sua mascote oficial e sempre presente em seus escudos.

Por essa história, o Notts County acabou virando um clube parceiro da Juventus no futuro. Em setembro de 2011, na inauguração de seu novo estádio, a Juventus convidou o clube inglês para a partida festiva. Já na temporada 2012--13, o Notts County criou uma terceira camisa rosa em homenagem à Juve.

Durante sua história, a Juventus vestiu também outras camisas, além da rosa e da preta e branca. Nos anos 1970, o clube criou um modelo reserva na cor azul. Na década de 1980, foi a vez de o time utilizar bastante uma camisa amarela. Essas duas cores fazem parte também do brasão de armas da cidade de Turim. Para os anos 1990, foram vários os modelos, incluindo um novo todo preto e outro todo branco. Já no início do século XXI surgiram mais inovações. A Juve jogou de cinza, azul-claro, azul e rosa, vermelho e dourado.

Clube com o maior número de títulos italianos, a Juventus foi a primeira equipe de seu país a colocar uma estrela definitiva na camisa – honra dada aos clubes que conquistam dez títulos nacionais. Assim, desde a temporada 1958-59, o time exibe a estrela na camisa. Em 1982, o time ganhou o seu vigésimo título italiano e passou a contar com duas estrelas.

JUVENTUS

1897 | 1903

Fundada em 1897, a Juventus teve como primeiro presidente Enrico Canfari, que foi quem decidiu pela escolha da camisa rosa da equipe, em 1900. A ideia era ter um uniforme autêntico, bem diferente dos demais. Principalmente do seu primeiro adversário e primeiro rival, o FC Torinese, que jogava de amarelo e preto.

Em 1903, a Juve decidiu trocar sua camisa, dada a dificuldade em conseguir tecido rosa e também em mantê-lo dessa cor após as lavagens. Um de seus sócios (e também alfaiate), John Savage, teve a missão de buscar a nova camisa. Inglês, Savage pediu ajuda a um amigo de Nottingham e recebeu camisas iguais à do Notts County, com listras pretas e brancas.

1903 | 1924

1925

1926 | 1927

1927 | 1931

1931 | 1936

1936 | 1940

JUVENTUS

1940	1950	1941	1949	1950	1951

1950	1951	1951	1953	1951	1953

1953	1958	1953	1958	1958	1959

JUVENTUS

1958 | 1959

1959 | 1960

1959 | 1960

1960 | 1961

1960 | 1961

Primeiro clube italiano a conquistar dez títulos nacionais, a Juventus foi também o primeiro time do Calcio a usar a estrela na camisa para representar essas dez conquistas. Na temporada 1960-61, o time de Turim ainda usou o escudeto (referente ao título italiano de 1959-60) e a *coccarda* (representando o título da Copa Itália de 1959-60).

1961 | 1962

1961 | 1962

1962 | 1965

JUVENTUS

1962 | 1965

1965 | 1966

1965 | 1966

1966 | 1967

1966 | 1967

1967 | 1968

1967 | 1968

1969

1969 | 1972

JUVENTUS

1970	1972	1972	1974	1972	1974

1974	1974	1975	1975	1976

1975	1976	1975	1976	1975	1976

JUVENTUS

1977 | 1978

1977 | 1978

1978 | 1979

1978 | 1979

No final da década de 1970, mais precisamente em 1979, a Lega Nazionale Professionisti (LNP), chamada hoje de Lega Calcio – entidade que organiza o Campeonato Italiano –, autorizou a entrada dos logos dos fornecedores de material esportivo nas camisas das equipes. Assim, a camisa da Juventus apareceu pela primeira vez com um, da fabricante italiana Kappa.

1979 | 1981

1981 | 1982

1981 | 1982

1982 | 1983

JUVENTUS

1982 | 1983

1982 | 1983

Assim como nos anos 1970, a Juve voltou a jogar de azul no início da década de 1980. A cor foi escolhida por estar presente na bandeira da casa de armas da cidade de Turim, assim como o amarelo. Em uma das raras aparições dessa camisa, a Juventus empatou com o Widzew Lodz (POL), na Polônia, por 2 X 2, na semifinal da antiga Copa dos Campeões da Europa.

1983 | 1984

1983 | 1984

1984

1984 | 1985

1984 | 1985

1984 | 1985

JUVENTUS

1985 | 1986

1985 | 1986

1986 | 1987

1986 | 1987

Na vitória por 3 X 0 sobre o Avellino, pelo Campeonato Italiano, no dia 1º de novembro de 1987, a Juventus comemorou seus noventa anos de existência e entrou em campo de rosa, resgatando assim o modelo de sua primeira camisa. Essa foi a primeira vez depois de 1903 que o clube voltou a jogar com essa cor. No centenário, em 1997, a Juve novamente usou a camisa rosa.

1987

1987 | 1989

1987 | 1989

1989 | 1990

JUVENTUS

1989	1990	1989	1990	1990	1991

1990	1991	1991	1992	1991	1992

1991	1992	1992	1993	1993	1994

JUVENTUS

1993	1994	1994	1995	1994	1995
1994	1995	1995	1996	1995	1996
1995	1996	1995	1996	1996

JUVENTUS

1996 | 1997 **1996 | 1997** **1996 | 1997**

1996 | 1997 **1996 | 1998**

No ano em que comemorou seu centenário, a Juventus resgatou seu primeiro modelo de camisa, todo rosa. Criada como terceiro uniforme para a temporada de 1997-98, essa camisa foi utilizada apenas em uma partida, no amistoso contra o Newcastle (ING), no dia 23 de julho de 1997, vencido pela Juve por 3 X 0.

1997 **1997** **1997 | 1998**

JUVENTUS

1998	1999	1998	1999	1998	1999

1998	1999	1998	1999	1998	1999

1999	2000	1999	2000	1999	2000

JUVENTUS

1999	2000	2000	2001	2000	2001
2000	2001	2000	2001	2000	2001
2000	2001	2001	2002	2001	2002

JUVENTUS

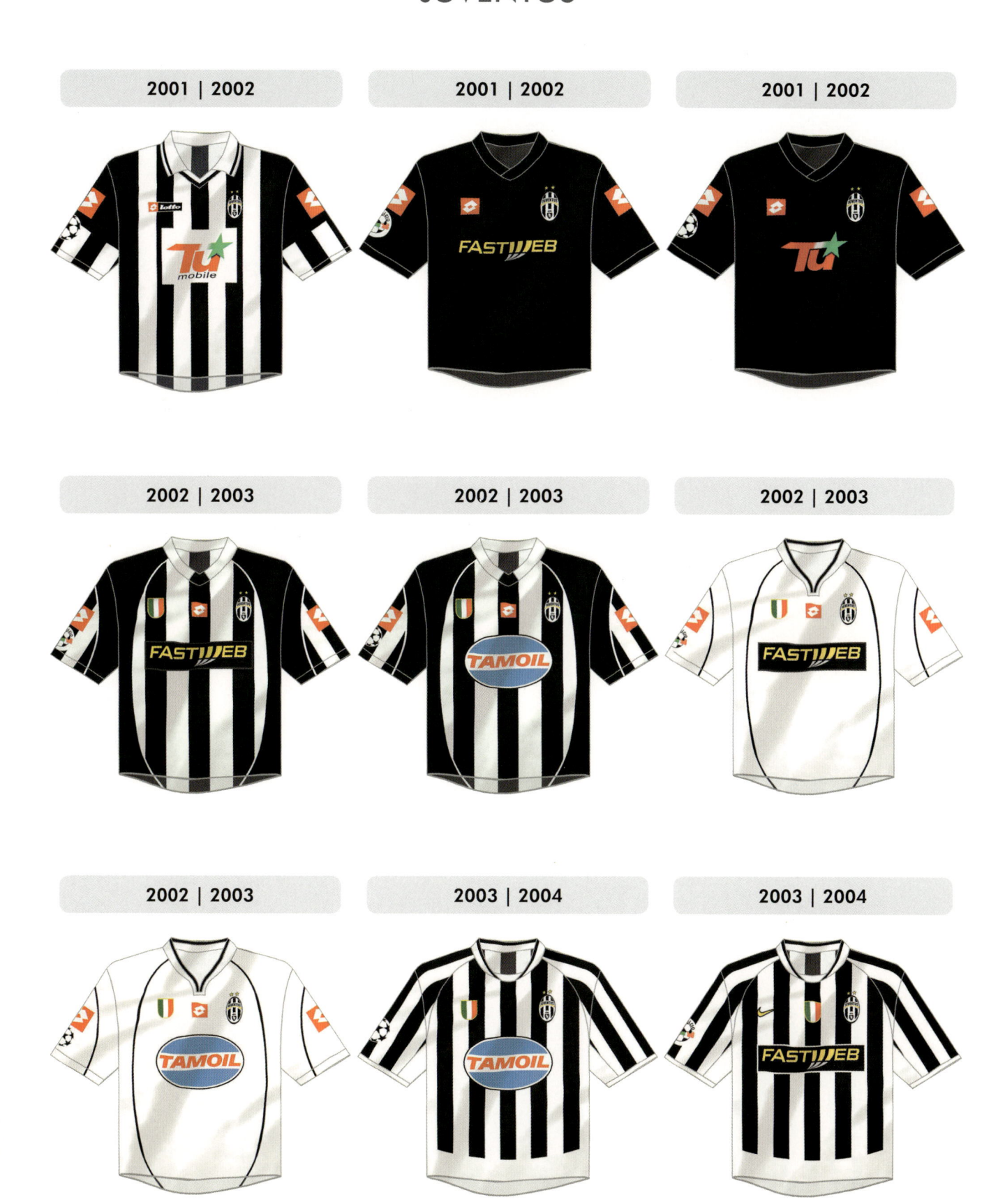

2001	2002	2001	2002	2001	2002
2002	2003	2002	2003	2002	2003
2002	2003	2003	2004	2003	2004

JUVENTUS

2003 | 2004

2003 | 2004

Depois de usar a camisa rosa esporadicamente em 1987 (quando completou noventa anos) e em 1997 (no centenário), a Juve decidiu adotar a mesma cor como sua segunda camisa na temporada 2003-04. O tom de rosa, porém, ficou mais próxima do salmão. Já em 2011-12, ela voltou a ser utilizada, mas com uma grande e inovadora estrela preta.

2003 | 2004

2004 | 2005

2004 | 2005

2004 | 2005

2004 | 2005

2004 | 2005

112

JUVENTUS

2005 | 2006

2005 | 2006

Para comemorar os cem anos de seu primeiro título italiano, em 1905, a Juventus criou uma camisa especial, vermelha, com uma faixa verde no lado esquerdo, lembrando as cores da bandeira da Itália e também do escudeto, presente nas camisas dos campeões nacionais. O modelo fez sucesso e seguiu como terceira opção do uniforme para a temporada 2006-07.

2005 | 2006

2006 | 2007

2006 | 2007

2006 | 2007

2007 | 2008

2007 | 2008

JUVENTUS

2007	2008	2007	2008	2008	2009

2008	2009	2009	2010	2009	2010

2010	2011	2010	2011	2010	2011

JUVENTUS

2011 | 2012

2011 | 2012

2011 | 2012

2012 | 2013

2012 | 2013

A Juve divulgou seu novo uniforme reserva com três estrelas, contabilizando os títulos das temporadas 2004-05 e 2005--06, revogados pela Federação Italiana devido à manipulação de resultados. Abaixo do escudo, a inscrição "30 no campo" fazia referência aos trinta títulos italianos que o clube considera ter. A camisa, porém, só foi para as lojas. Em campo, foi usado só o modelo com duas estrelas.

2012 | 2013

2013 | 2014

2013 | 2014

LIVERPOOL
INGLATERRA

A história do Liverpool começou em 1891 após uma briga entre o dono do estádio Anfield, John Holding, e dirigentes do Everton FC, clube da cidade de Liverpool fundado em 1878. Holding, também presidente do Everton, decidiu aumentar o aluguel do estádio de cem para 250 libras. Com a recusa de membros da diretoria do clube, o Everton desistiu de jogar no estádio no dia 12 de março de 1892. Holding deixou o clube e três dias depois fundou um novo para jogar em seu estádio. No início, o nome escolhido havia sido Everton Football Club and Athletic Grounds Company Plc, ou Everton Athletic. Porém, o nome acabou sendo vetado pela Football Association (FA), a federação inglesa de futebol. Assim, no dia 15 de março de 1892, foi fundado o Liverpool Football Club and Athletic Grounds Company.

Para o seu primeiro uniforme, Holding decidiu resgatar o mesmo utilizado pelo Everton entre 1887 e 1890: camisa divida com metade azul-celeste e a outra metade branca e calção e meias azul-escuros. Como o Everton havia mudado sua camisa para a cor vermelha rubi, Holding não hesitou em jogar com as cores do time que havia presidido pouco tempo antes.

Quatro anos após sua fundação, em 1896, o Liverpool decidiu trocar suas cores e, inspirado nas cores oficiais da bandeira da cidade, passou a usar o vermelho e o branco. Pouco depois, em 1901, o clube adotou o símbolo da cidade, o pássaro, em seu escudo. Este, no entanto, só foi entrar na camisa em 1950.

Na década seguinte, outra novidade revolucionou a aparência do clube, que desde 1896 só utilizava o calção branco em seu primeiro uniforme. Em novembro de 1964, por sugestão do técnico Bill Shankly, o Liverpool entrou em campo todo de vermelho. A ideia era fazer com que o time intimidasse o Anderlecht, da Bélgica, no jogo de ida das quartas de final da Copa dos Campeões da Europa. Deu certo. O Liverpool venceu por 3 X 0 e o uniforme todo vermelho entrou de vez como o oficial do clube, que pouco depois passou a ser apelidado de The Reds, ou "Os Vermelhos", em português.

Anos mais tarde, nas décadas de 1970 e 1980, o Liverpool viveu seu período mais glorioso. Conquistou onze campeonatos ingleses e sete títulos europeus no período, tornando-se então mundialmente conhecido com seu temido uniforme todo vermelho. Em 1979, a camisa do clube ficou famosa também por seu pioneirismo no futebol inglês, sendo a primeira a exibir o logo do patrocinador (a empresa japonesa Hitachi).

LIVERPOOL

1892 | 1896

Fundado por um ex-presidente do Everton, o Liverpool teve como primeira camisa um modelo semelhante ao utilizado pelo rival da cidade apenas dois anos antes (em 1890). Essa camisa, porém, foi utilizada por somente quatro temporadas. Em 1896, o Liverpool adotou as cores da bandeira da cidade e passou a jogar normalmente com camisa vermelha e calção branco.

Em sua fundação, em 1892, o Liverpool teve em seu uniforme reserva uma camisa branca, com calção e meias azuis. Em 1896, o time trocou o calção para a cor branca. Já em 1906, adotou o calção preto no uniforme reserva. Desde então, essa combinação (camisa branca, calção preto) foi a preferida como o uniforme número dois do clube até os anos 1980.

1892 | 1897

1896 | 1897

1896 | 1900

1900 | 1904

1900 | 1906

1902 | 1904

117

LIVERPOOL

1904 | 1907	1906 | 1907	1907 | 1931
1909 | 1911	1911 | 1912	1912 | 1936
1931 | 1932	1931 | 1933	1933 | 1934

LIVERPOOL

1934	1943	1938	1952	1944	1945

1945	1956	1946	1947	1947	1949

1949	1951		1950

Na decisão da Copa da Inglaterra de 1950, o Liverpool caiu diante do Arsenal, chegando ao vice--campeonato. Naquele jogo, o Liverpool entrou em campo pela primeira vez em sua história com um distintivo na camisa. Pouco depois, utilizou esse emblema na camisa reserva. Mas em 1955, em um formato reestilizado, o escudo entrou de vez no uniforme.

LIVERPOOL

1951 | 1955

1953 | 1954

Utilizada nas temporadas de 1931-32 e 1946-47, o Liverpool passou a usar com frequência camisas com golas brancas. Na temporada 1955-56, o escudo foi redesenhado, trazendo o símbolo do pássaro da cidade e as iniciais LFC dentro de um emblema oval.

1955 | 1956

1956 | 1962

1957 | 1958

1957 | 1958

1958 | 1963

1962 | 1963

LIVERPOOL

1963 | 1968

1964 | 1968

No dia 7 de dezembro de 1966, o Liverpool enfrentou o Ajax, da Holanda, em Amsterdã, jogando com uma inédita camisa amarela e calção preto. O resultado do jogo foi um desastre para o time inglês, que apanhou de 5 X 1, em uma de suas maiores derrotas na história da Liga dos Campeões. Apesar disso, a camisa amarela voltou a ser usada no final dos anos 1970.

1966

1966 | 1973

Em 1968, a camisa do Liverpool ganhou um novo escudo, que trazia apenas o pássaro símbolo da cidade e as inicias do clube abaixo dele. O fundo branco do emblema deixou de existir. Até 1976, esse símbolo foi usado apenas na cor branca na camisa vermelha. Depois disso, o escudo passou a ser exibido na cor amarela.

1968 | 1973

1973 | 1974

Na temporada 1973-74, a camisa do Liverpool passou a ser confeccionada pela Umbro. No primeiro modelo dessa camisa, o logo da empresa inglesa era apenas um losango preto. Na temporada 1975-76, entrou o logotipo mais conhecido nos dias atuais, com um losango branco menor e outro maior.

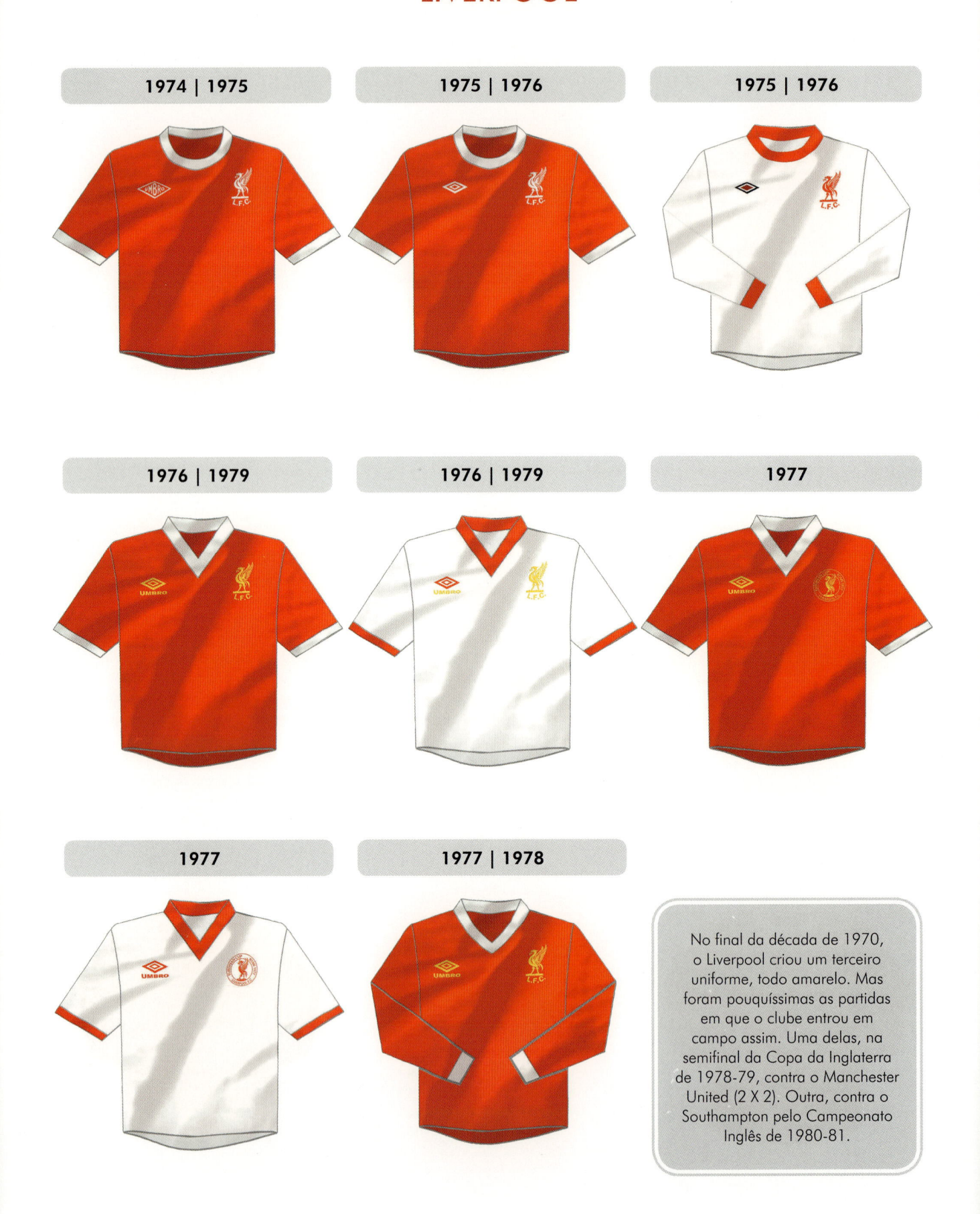

LIVERPOOL

1974 | 1975

1975 | 1976

1975 | 1976

1976 | 1979

1976 | 1979

1977

1977

1977 | 1978

No final da década de 1970, o Liverpool criou um terceiro uniforme, todo amarelo. Mas foram pouquíssimas as partidas em que o clube entrou em campo assim. Uma delas, na semifinal da Copa da Inglaterra de 1978-79, contra o Manchester United (2 X 2). Outra, contra o Southampton pelo Campeonato Inglês de 1980-81.

LIVERPOOL

1979

1979 | 1981

Clube mais vitorioso da Inglaterra e um dos principais da Europa na década de 1970, o Liverpool foi o primeiro clube inglês a ganhar patrocínio na camisa. Em 1979, a fabricante de TV japonesa Hitachi exibiu o seu logotipo na camisa do clube, por onde permaneceu até 1981. Essa camisa é uma das preferidas dos torcedores do Liverpool até hoje.

1979 | 1981

1979 | 1981

Na decisão da Copa dos Campeões da Europa de 1981 contra o Real Madrid, o Liverpool precisou cobrir o logo da Umbro. Naquela época, a Uefa ainda proibia qualquer tipo de marca nas camisas dos clubes nas finais da competição. O Liverpool venceu a decisão por 1 X 0 e depois decidiu o título mundial com o Flamengo – perdeu por 3 X 0, no Japão.

1981

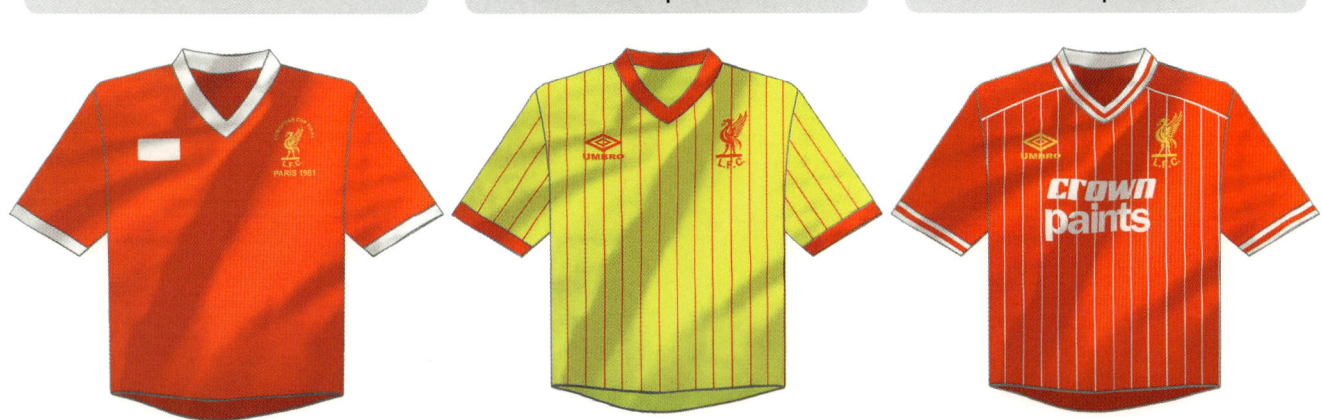

1981 | 1982

1982 | 1983

LIVERPOOL

1982 | 1984

1983 | 1984

1983 | 1985

1984 | 1985

Depois de 12 anos, a camisa do Liverpool deixou de ser fabricada pela Umbro e passou a ser produzida pela Adidas. Na temporada 1985-86, a camisa nova apresentou algumas mudanças. O logo do time voltou a ser branco, as golas ganharam listras amarelas e o tecido vermelho apresentava pequenos detalhes do escudo.

1984 | 1985

1985 | 1986

1985 | 1986

1985 | 1986

124

LIVERPOOL

1986 | 1987

1986 | 1987

1986 | 1987

1987 | 1988

1987 | 1988

1987 | 1988

1987 | 1988

1988 | 1989

A camisa cinza, ou melhor, o uniforme todo cinza passou a ser o segundo do Liverpool nas temporadas de 1987-88 e 1988-89. Pela primeira vez desde a sua fundação, em 1892, o clube deixou de usar branco ou amarelo em seu uniforme reserva. A nova cor, apesar de diferente para os padrões do Liverpool, agradou e foi utilizada até o final da temporada de 1991.

LIVERPOOL

1988 | 1989

1988 | 1989

1989 | 1991

1989 | 1991

1991 | 1992

Depois da camisa cinza, o Liverpool inovou de novo e adotou a camisa verde em seu uniforme reserva. Existem algumas versões que dizem que a cor foi escolhida por conta do patrocinador que entraria no clube na temporada seguinte, a Carlsberg, que tem o verde e o branco em seu logo. A nova camisa, porém, deu azar na primeira temporada, com quatro derrotas em quatro jogos.

1991 | 1992

Na temporada de 1992-93, o Liverpool passou a ser patrocinado pela Carlsberg, fabricante de cerveja dinamarquesa. Esse patrocínio, aliás, foi o mais duradouro da história da Premier League, permanecendo na camisa do clube por 18 anos, até 2010. Ainda no modelo de 1992-93, a camisa ganhou o novo e atual escudo, repleto de detalhes em volta do pássaro.

1992 | 1993

LIVERPOOL

1992 | 1993

1993 | 1995

1993 | 1995

1994 | 1996

1995 | 1996

Para a temporada de 1995-96, a Adidas manteve as cores verde e branca na camisa reserva número dois, mas inovou no design. A camisa passou a ser quadriculada, lembrando o primeiro modelo utilizado pelo clube na época de sua fundação. Porém, lá em 1892, a camisa era azul e branca e divida ao meio, verticalmente. Não quadriculada.

1995 | 1996

Depois de dez anos, a Adidas deixa de ser a fabricante de camisas do Liverpool e dá lugar à inglesa Reebok. Esse novo fornecedor fica no clube nos próximos dez anos, até 2006, quando o clube volta a ser patrocinado pela Adidas. Com a Reebok, o Liverpool voltou a conquistar a Liga dos Campeões da Europa, em 2005, batendo o Milan na final.

1996 | 1997

LIVERPOOL

1996	1998	1997	1998	1998	1999
1998	2000	1998	2000	2000	2001
2000	2002	2001	2002	2001	2003

LIVERPOOL

2002	2003	2002	2004	2003	2004
2004	2005	2004	2005	2004	2006
2005	2006	2005	2006	2006	2007

LIVERPOOL

2006	2007	2006	2007	2006	2008

2007	2008	2007	2008	2008	2009

2008	2009	2008	2010	2009	2010

LIVERPOOL

2009 | 2010

2010 | 2011

2010 | 2011

2010 | 2012

2011 | 2012

2011 | 2012

2012 | 2013

2012 | 2013

A camisa do Liverpool, em 2012, deixa de ser fabricada e patrocinada pela Adidas e passa a ser confeccionada pela Warrior, empresa norte-americana que é dona também da marca New Balance. Pouco conhecida no mercado futebolístico, a Warrior pagou 25 milhões de euros anuais, o dobro da Adidas, e resgatou os detalhes amarelos na camisa vermelha.

LIVERPOOL

2012 | 2013

2012 | 2013

2013 | 2014

2013 | 2014

Manchester United
INGLATERRA

Um dos clubes mais ricos e conhecidos do mundo na atualidade, o Manchester United foi fundado em 1878 e no início passou apuros até se tornar um dos principais clubes da Inglaterra. Criado como Newton Heath L&YR Football Club – o clube dos operários do depósito da Lancashire and Yorkshire Railway, do distrito de Newton Heath –, o time teve em seu primeiro uniforme a camisa nas cores verde e amarela, a mesma da empresa. Alguns anos depois, em 1887, quando mudou de nome para Newton Heath Football Club, o clube passou a jogar com uma camisa vermelha e branca. Mas cinco anos depois voltou a utilizar camisas verdes e amarelas.

A grande mudança ocorreu em abril de 1902. À beira da falência, o clube foi comprado pelo empresário cervejeiro John Henry Davies e mudou seu nome para Manchester United Football Club, o mesmo dos dias de hoje. Nessa época, trocou também sua camisa principal por uma vermelha e passou a usar shorts branco.

Entre 1922 e 1927, inverteu a ordem e colocou a camisa branca com um V vermelho no peito como a principal, deixando a tradicional vermelha como segunda opção. Porém, em meados de 1927, voltou atrás e desde então manteve o vermelho com golas brancas como sua camisa número um. O calção branco e as meias pretas completam então o uniforme do clube.

Para o uniforme reserva, o Manchester escolheu as cores azul e branca no início do século, com diversas variações, sendo a com listras verticais azuis a mais utilizada entre 1902 e 1922. Nos anos 1930, uma camisa com listras horizontais vermelhas e brancas foi criada, porém nunca mais voltou a ser utilizada. Nas décadas de 1940 e 1950, a camisa toda azul foi a segunda do Manchester, sendo substituída pela toda branca em 1957. Nos anos 1970, os Red Devils adotaram uma camisa amarela. Já na década de 1990 e começo do século XXI, a camisa preta passou a ser usada com bastante frequência.

O modelo que mais fez sucesso foi o dos anos 1990. Com a grande fase do time de Beckham e companhia na Premier League e também nos torneios europeus, o Manchester United tornou-se um dos clubes com mais camisas vendidas no mundo. Muitas delas no mercado asiático, onde o clube concentra uma enorme legião de fãs. Em 2012, o time liderou um ranking mundial com mais de 1,4 milhão de camisas vendidas no período de cinco anos, ao lado do Real Madrid, da Espanha.

MANCHESTER UNITED

1878 | 1887

1887 | 1890

Fundado como Newton Heath L&YR Football Club, o Manchester teve sua primeira camisa nas cores verde e amarela, as mesmas da empresa Lancashire and Yorkshire Railway. No primeiro uniforme, o clube usava um largo calção azul-escuro. Essa camisa ganhou uma edição comemorativa em 1992.

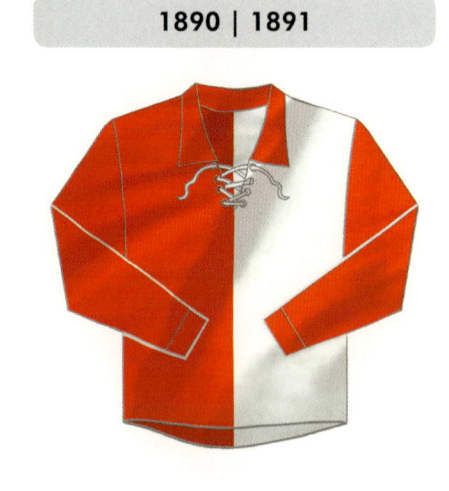

1890 | 1891

1891 | 1892

1892 | 1893

1892 | 1893

1892 | 1893

1893 | 1902

MANCHESTER UNITED

1894 | 1896

1894 | 1896

1894 | 1896

1896 | 1902

1902 | 1903

No ano em que mudou de nome, passando a ser chamado de Manchester United, o clube adotou a camisa toda vermelha como sua principal por sugestão do empresário John Henry Davies, que comprou o clube naquele ano, tornando-se dono e presidente até 1927, ano de sua morte. Já a camisa com listras verticais azuis e brancas estreou como camisa reserva.

1902 | 1903

1903 | 1905

1903 | 1911

MANCHESTER UNITED

1904 | 1908

1905 | 1906

1906 | 1910

1909

1909

> Na final da Copa da Inglaterra de 1909, o Manchester ganhou o título batendo o Bristol City. Nesse jogo, vestiu uma camisa branca com um V vermelho e um escudo que trazia a rosa, símbolo do condado de Lancashire, onde está situada a cidade de Manchester. Curiosamente, a empresa que confeccionou essa camisa pertencia ao jogador Billy Meredith, um dos principais jogadores do clube na época.

1910

1911 | 1912

1912 | 1913

MANCHESTER UNITED

1913 | 1914	1913 | 1922	1914 | 1919
1919 | 1920	1920 | 1927	1922 | 1923
1923 | 1924	1924 | 1927	1927 | 1930

MANCHESTER UNITED

1930 | 1931	1930 | 1931	1931 | 1932
1932 | 1934	1932 | 1936	1934 | 1945
1936 | 1939	1939 | 1948	1945 | 1946

MANCHESTER UNITED

1946 | 1955

1947 | 1948

Na decisão da FA Cup, a Copa da Inglaterra, de 1948, o Manchester conquistou o título sobre o Blackpool jogando de azul e com um escudo no peito em homenagem ao brasão de armas da cidade de Manchester. Nessa mesma época, a camisa vermelha chegou a ser utilizada com o mesmo distintivo no peito.

1948

1949 | 1955

1955

1955 | 1960

1956 | 1958

Depois de ganhar o título do Campeonato Inglês de 1957, o Manchester teve a chance de conquistar a Copa da Inglaterra no mesmo ano, feito inédito em sua história. Porém, na decisão da FA Cup, contra o Aston Villa, perdeu por 2 X 1, em Wembley, jogando de branco e com o brasão de armas da cidade no peito.

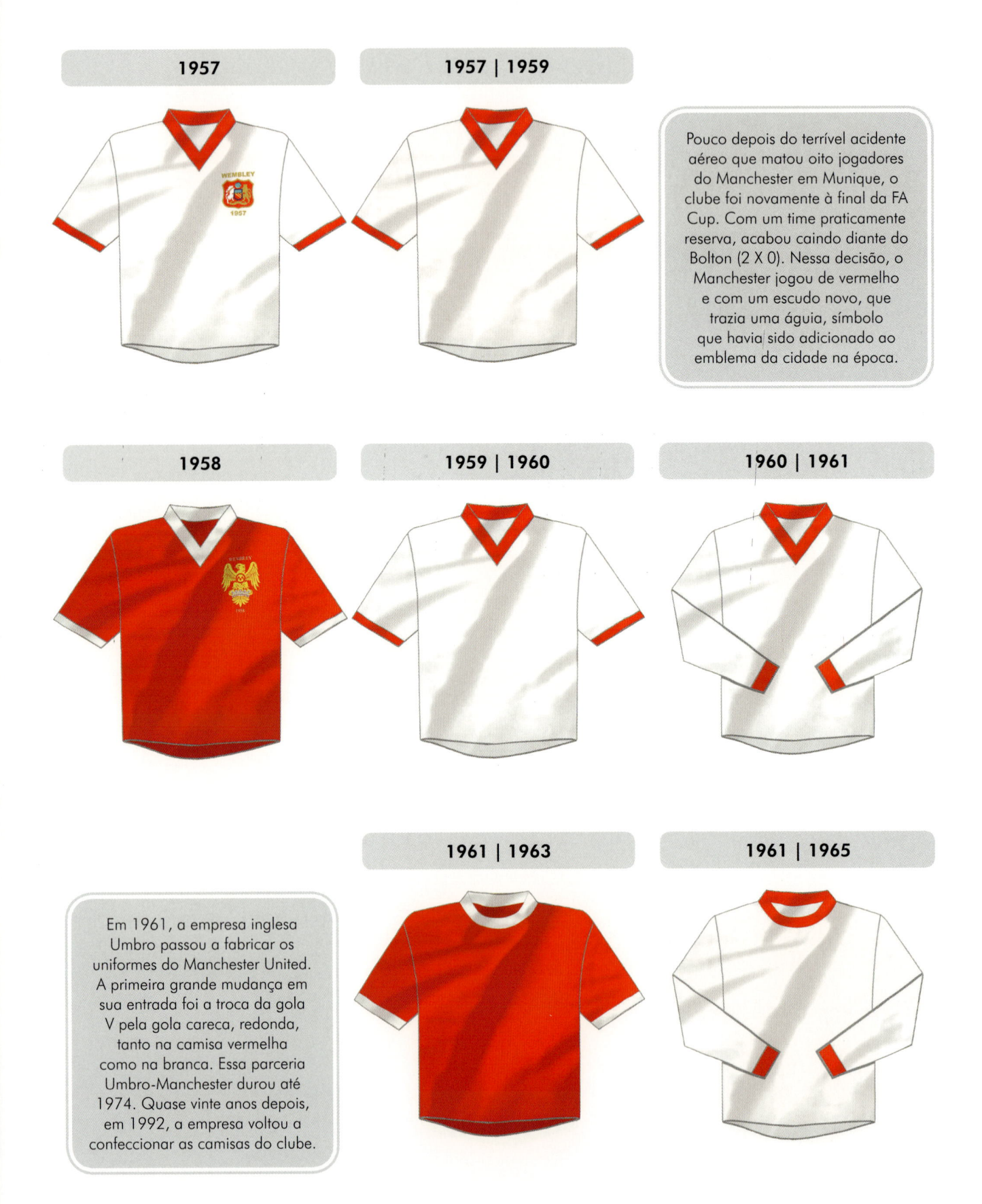

MANCHESTER UNITED

1957

1957 | 1959

Pouco depois do terrível acidente aéreo que matou oito jogadores do Manchester em Munique, o clube foi novamente à final da FA Cup. Com um time praticamente reserva, acabou caindo diante do Bolton (2 X 0). Nessa decisão, o Manchester jogou de vermelho e com um escudo novo, que trazia uma águia, símbolo que havia sido adicionado ao emblema da cidade na época.

1958

1959 | 1960

1960 | 1961

Em 1961, a empresa inglesa Umbro passou a fabricar os uniformes do Manchester United. A primeira grande mudança em sua entrada foi a troca da gola V pela gola careca, redonda, tanto na camisa vermelha como na branca. Essa parceria Umbro-Manchester durou até 1974. Quase vinte anos depois, em 1992, a empresa voltou a confeccionar as camisas do clube.

1961 | 1963

1961 | 1965

MANCHESTER UNITED

1963

1963 | 1967

1964 | 1968

1965 | 1966

1965 | 1967

1967

1967 | 1968

1967 | 1971

1967 | 1971

MANCHESTER UNITED

1968

Na final da Liga dos Campeões da Europa, o Manchester United enfrentou o Benfica, de Portugal, atuando com seu uniforme reserva, todo azul. Jogando no estádio de Wembley, em Londres, o Manchester venceu por 4 X 1, na prorrogação, conquistando o primeiro título europeu para um time inglês. A camisa azul, assim, caiu nas graças da torcida.

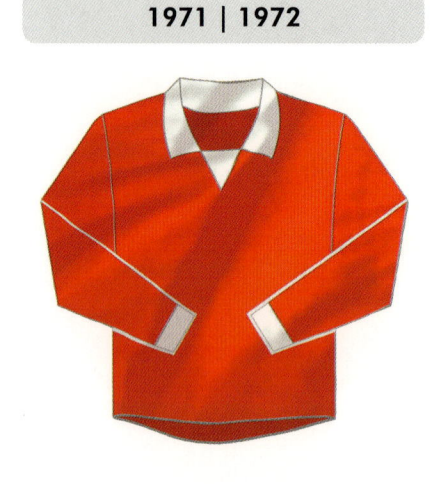

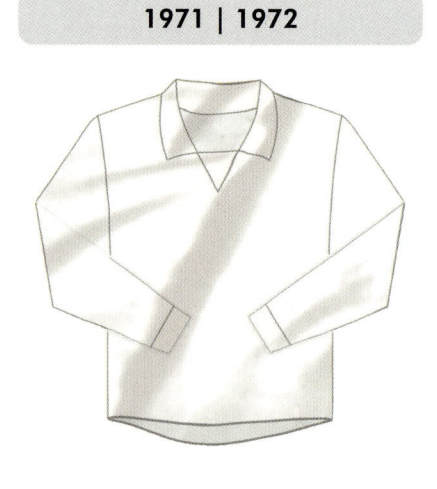

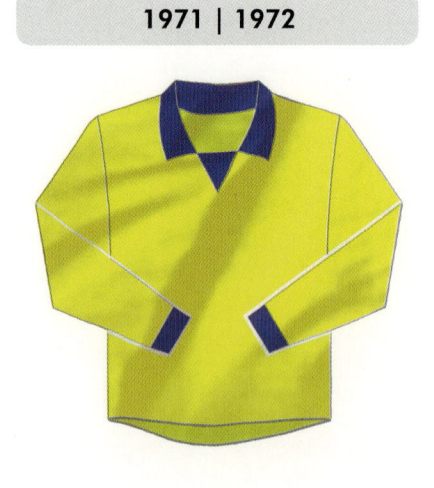

1968 | 1971

1968 | 1971

1971 | 1972

1971 | 1972

1971 | 1972

1972 | 1974

Em novembro de 1972, o Manchester passou a usar definitivamente o seu escudo no lado esquerdo do peito nas camisas. Remodelado em 1970, o distintivo ganhou o símbolo do diabo. O modelo de 1972 trazia também uma nova tendência da década de 1970, a enorme gola polo. Nesse período, o clube jogou pela primeira vez com uma terceira camisa, amarela.

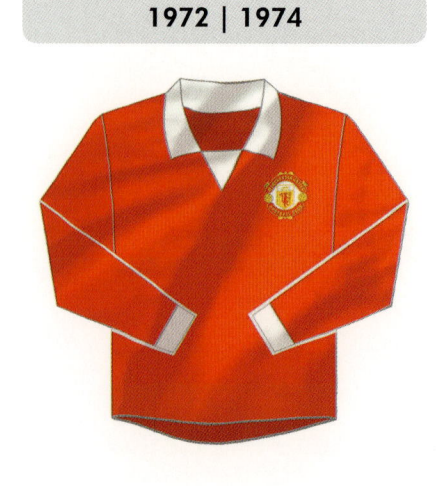

MANCHESTER UNITED

| 1972 | 1974 | 1972 | 1975 | 1974 | 1975 |

| 1974 | 1975 | 1974 | 1975 | 1975 |

| 1975 | 1976 | 1975 | 1978 |

Em 1974, o Manchester United foi rebaixado no Campeonato Inglês. No ano seguinte, no início de 1975, sua camisa passou a ser feita pela marca Admiral. Um ano depois, em janeiro de 1976, a empresa foi a primeira a estampar o logo na camisa do clube. A Admiral fez também a camisa do centenário do time, em 1978, que trazia um escudo comemorativo.

MANCHESTER UNITED

1976 | 1979

1976 | 1979

1977

1978 | 1979

1978 | 1979

1979 | 1980

1980 | 1981

1980 | 1982

O Manchester entrou nos anos 1980 vestindo a camisa da alemã Adidas, que substituiu a Admiral. Em seus primeiros modelos, a Adidas criou três combinações, sendo a branca a camisa dois e a azul a camisa três. Na camisa um, sempre toda vermelha, a novidade foram as três listras da Adidas nos ombros.

MANCHESTER UNITED

1980 | 1982

1981 | 1982

Em 1982, seguindo os padrões dos grandes clubes do mundo, o Manchester passou a estampar o logotipo de seu patrocinador na camisa. E o primeiro deles foi a japonesa Sharp, fabricante de TV. Nesse modelo de 1982-83, a novidade também foi a volta da gola em V, substituindo a antiga gola polo que já durava mais de uma década.

1982 | 1983

1982 | 1983

1982 | 1984

1983 | 1984

1984 | 1986

1984 | 1986

MANCHESTER UNITED

1984 | 1986

1986 | 1988

1986 | 1988

1986 | 1988

1988 | 1990

1988 | 1990

1988 | 1990

1990 | 1992

> Depois de uma década, a Adidas pela primeira vez deixou de fazer as duas camisas reservas (branca e azul) para juntar as cores em uma única camisa dois. A ideia, porém, não agradou. A mistura das duas cores deu uma tonalidade azul-celeste, justamente a cor principal da camisa de seu maior rival, o Manchester City.

MANCHESTER UNITED

1990 | 1992

1991

1992 | 1993

1992 | 1994

Depois de 18 anos, a Umbro voltou a ser a fornecedora de material esportivo do Manchester United, justamente no início da Premier League, o novo Campeonato Inglês. Seguindo a tendência retrô do começo dos anos 1990, o camisa da Umbro resgatou o estilo dos anos 1930, com cordão na gola.

Seguindo a moda retrô, a Umbro reeditou o primeiro modelo de camisa utilizado na história do Manchester, que foi fundado com o nome de Newton Heath L&YR Football Club. A cópia da camisa de 1878 foi usada como terceiro uniforme e na derrota na final da Copa da Liga Inglesa de 1994 para o Aston Villa (3 X 1).

1992 | 1994

1993 | 1995

1994 | 1996

MANCHESTER UNITED

1994 | 1996

1995 | 1996

Assim como o modelo reserva azul e branco de 1990-92, essa camisa cinza entrou para a história do clube como uma das mais feias de todos os tempos. Para piorar, o time perdeu os três jogos que disputou com ela (Southampton, Arsenal e Liverpool). Contra o Southampton, aliás, o técnico Alex Ferguson pediu até para trocar essa camisa cinza no intervalo.

1996 | 1997

1996 | 1997

1996 | 1998

1997 | 1999

1997 | 2000

1998 | 1999

MANCHESTER UNITED

1998 | 1999

1998 | 2000

1999 | 2000

1999 | 2000

1999 | 2001

2000 | 2001

2001 | 2002

2001 | 2002

Após fechar um acordo milionário, a empresa norte-americana Nike passou a ser nova fornecedora de material esportivo do Manchester United no lugar da Umbro. Em seu primeiro modelo, a Nike se baseou nas camisas utilizadas pelas seleções durante a Copa do Mundo de 2002, como a da Seleção Brasileira.

MANCHESTER UNITED

2002	2003	2002	2003	2002	2003

2002	2004	2003	2004	2003	2005

2004	2006	2005	2006	2006	2007

MANCHESTER UNITED

| 2006 \| 2007 | 2006 \| 2008 | 2007 \| 2008 |

| 2007 \| 2008 | | 2008 |

Cinquenta anos após a tragédia que matou oito jogadores do Manchester em acidente aéreo, em Munique, o clube entrou em campo, com autorização da Premier League, com uma camisa limpa, sem patrocinadores, *patch* e distintivo. Apenas com o número nas costas, como nos anos 1950. Essa camisa foi usada no clássico contra o Manchester City, no dia 10 de fevereiro de 2008.

| 2008 \| 2009 | 2008 \| 2010 | 2009 |

MANCHESTER UNITED

2009 | 2010	2009 | 2010	2010 | 2011
2010 | 2011	2011 | 2012	2011 | 2012
2012 | 2013	2012 | 2013	2012 | 2013

MANCHESTER UNITED

2013 | 2014

2013 | 2014

MILAN
ITÁLIA

Um dos clubes mais vencedores da história do futebol, o Milan foi fundado no dia 16 de dezembro de 1899 pelos ingleses Herbert Kilpin e Alfred Edwards com o nome de Milan Foot-Ball and Cricket Club. O nome da cidade de Milão (Milano em italiano) foi mantido em inglês para seguir as tradições britânicas de seus fundadores.

Edwards tornou-se o primeiro presidente. Já Kilpin foi o primeiro capitão da equipe e também quem definiu as cores e o primeiro uniforme do Milan. "Será vermelho como a chama do fogo e negro, para dar medo aos adversários", definiu. Desde então, em um dos raros casos na história do futebol, o Milan sempre manteve seu uniforme – camisa com listras verticais *rossoneri* (vermelhas e negras), calção branco e meias pretas. No peito da camisa, o símbolo com a bandeira da cidade de Milão. E foi com esse uniforme que o time conquistou o seu primeiro Campeonato Italiano em 1901, apenas dois anos após sua fundação.

Curiosamente, o nome da equipe foi modificado algumas vezes, mas sua camisa não. Em março de 1919, trocou o nome original para Milan Football Club. Em 1936, alterou para Milan Associazione Sportiva. Em fevereiro de 1939, no período fascista, que proibia nomes em outros idiomas, o time virou Associazione Calcio Milano. Já em 1946, ao final da Segunda Guerra Mundial, o clube mudou de nome pela última vez, passando para Associazione Calcio Milan.

Com o tempo, a camisa do Milan sofreu pequenas alterações no formato de suas listras – ora mais grossas, ora mais finas. Escudos também entraram e saíram da camisa até os anos 1980. Na década de 1950, o time passou a usar o escudeto com as cores da Itália após a conquista de cada campeonato nacional. Já a partir da década de 1980, uma estrela foi adicionada ao escudo oficial para representar seus dez primeiros títulos italianos conquistados.

O começo da década de 1980 marcou a entrada dos patrocinadores na camisa do clube (em 1981) e também dos logos dos fornecedores de material esportivo (em 1982). Pouco depois, nos anos 1990, o Milan seguiu a tendência europeia e criou camisas alternativas, número três. Assim, o clube passou a jogar com modelos de camisas até então nunca vistos: amarelas, azuis e cinzas, ou ainda pretas e vermelhas, raríssimas vezes utilizadas. Desde 2005-06, porém, o time adotou a camisa preta como sua terceira vestimenta, depois dos tradicionais modelos listrado e branco.

MILAN

1899 | 1910

Herbert Kilpin, um dos fundadores do Milan e o primeiro capitão do time, foi quem escolheu as cores e a camisa do clube: "Será vermelha como a chama do fogo e negra, para dar medo aos adversários". No peito da primeira camisa foi bordado um símbolo com a bandeira da cidade de Milão, uma cruz vermelha no campo branco de San Giorgio.

Pouco mais de dez anos após sua fundação, a camisa do Milan sofre sua primeira mudança, com as faixas verticais mais grossas. Aliás, durante toda sua história, esse modelo de camisa foi o mais utilizado. No mesmo ano, o clube passou a jogar também com uma camisa reserva branca. Nesse período, tirou o escudo do uniforme por um ano.

1910 | 1911

1910 | 1914

1912 | 1914

1914 | 1917

1914 | 1920

Entre as temporadas de 1914 e 1917, o Milan entrou em campo com dois modelos diferentes da camisa um, sendo a mais comum a de listras grossas e com o escudo da cidade de Milão. A camisa com finas listras verticais, usada nos primeiros anos após sua fundação, foi menos utilizada na segunda metade dos anos 1910 e vinha sem escudo.

MILAN

1918 | 1926

1920 | 1926

1926 | 1930

1926 | 1930

1930 | 1933

1930 | 1942

1932

1933 | 1941

Durante o período fascista na Itália, o Milan foi obrigado a mudar seu nome para Milano (era proibido nome estrangeiro naquela época). Outra imposição do regime fascista foi a introdução do símbolo na camisa em jogos internacionais. Assim, em 1932, em um amistoso contra o Olympique de Marselha, da França, o Milan usou uma camisa com dois distintivos.

MILAN

1938 | 1939

1941 | 1943

1943 | 1945

1943 | 1946

1943 | 1947

1945 | 1946

1946 | 1947

1947 | 1948

1947 | 1951

MILAN

1948 | 1949

1949 | 1951

Após cinquenta anos, o Milan apresentou uma mudança em seu tradicional uniforme. O símbolo que representava a cidade de Milão e que era usado ocasionalmente deixou de ser utilizado – voltaria somente no uniforme do centenário, em 1999-2000. Após a conquista do Campeonato Italiano de 1950-51, o Milan passou a usar o escudeto com as cores da bandeira da Itália.

1951 | 1952

1951 | 1952

1952 | 1953

1952 | 1954

1953 | 1954

1954 | 1955

MILAN

1954	1955	1955	1956	1955	1956

1956	1957	1956	1957	1957	1958

1957	1958	1958	1958	1959

MILAN

1958 | 1959	1959 | 1960	1959 | 1960
1960 | 1961	1960 | 1961	1960 | 1961
1961 | 1962	1962 | 1963	1962 | 1963

MILAN

1962 | 1967

1963

1963 | 1967

1967 | 1968

1967 | 1968

Campeão da Copa da Itália pela primeira vez em 1966-67, o Milan ganhou o direito de utilizar o escudeto de campeão da competição na temporada seguinte (1967-68), assim como no Campeonato Italiano. A diferença, porém, é que o escudeto da Copa é redondo. O Milan voltou a ganhar a Copa em 1972, 1973, 1977 e 2003.

1968 | 1969

1968 | 1969

1969 | 1970

MILAN

1969 | 1972	1970 | 1971	1971 | 1972
1972 | 1974	1972 | 1974	1974 | 1976
1974 | 1976	1976 | 1977	1977 | 1978

MILAN

1977 | 1978

1978 | 1979

Na temporada de 1978-79, a camisa do Milan aparece pela primeira vez com o logo do fornecedor de material esportivo, a alemã Adidas. Mas isso dura apenas um ano. Na temporada 1979-80, a camisa passa a ser confeccionada pela Linea Milan, que não exibe sua marca no uniforme. A Adidas voltaria a fazer a camisa do clube entre 1990 e 1993 e a partir de 1998.

1978 | 1979

1979 | 1980

No início dos anos 1980, o Milan volta a jogar com a camisa com listras mais grossas e coloca pela primeira vez o seu escudo, um diabo estilizado, no lado direito da camisa. Pouco depois, a empresa italiana Pooh Jeans, em 1981-82, entra como a primeira patrocinadora na camisa da equipe.

1979 | 1980

1979 | 1980

1980 | 1981

163

MILAN

1980 | 1981

1981 | 1982

1981 | 1982

1982 | 1983

1982 | 1983

Para a temporada de 1982-83, a camisa do Milan voltou às suas origens, com listras mais finas. Esse modelo trouxe também um novo patrocinador, a empresa japonesa Hitachi, e um novo fornecedor de material esportivo, a NR. Outro detalhe importante foi a presença isolada da estrela no peito da camisa, sem o escudo, representando os dez primeiros títulos italianos.

1983 | 1984

1983 | 1984

1984 | 1985

MILAN

1984 | 1985

1984 | 1985

1985 | 1986

1985 | 1986

1986 | 1987

1986 | 1987

1987 | 1988

1987 | 1988

Na temporada 1987-88, o Milan começa a viver seus anos dourados. Em campo, o time com os holandeses Gullit, Van Basten e Rijkaard, além dos ídolos Baresi e Maldini, ganha tudo o que é possível. Essa camisa, da Kappa com o patrocínio da Mediolanum, entra para a história como uma das mais marcantes e desejadas pelos colecionadores.

MILAN

1988 | 1989 **1988 | 1989** **1989**

1989 | 1990 **1989 | 1990**

> Na final da Liga dos Campeões de 1989, contra o Steaua Bucareste, da Romênia, o Milan entra em campo todo de branco e conquista seu terceiro título europeu com a goleada de 4 X 0. A camisa branca, sem patrocínio, como mandava o regulamento, foi a mesma usada na primeira conquista, em 1963. Como deu sorte, voltou a ser usada também em 1990, 1994 e 1995.

1989 | 1990 **1989 | 1990** **1990**

MILAN

1990 | 1991	1990 | 1991	1990 | 1991
1991 | 1992	1991 | 1992	1992 | 1993
1992 | 1993	1992 | 1993	1993

MILAN

1993 | 1994   1993 | 1994   1993 | 1994

1993 | 1994   1994   1994 | 1995

1994 | 1995   1994 | 1995

Seguindo a tendência europeia, o Milan entra na moda de produzir uma terceira camisa. O modelo escolhido foi bastante surpreendente: amarelo. E com essa camisa o Milan derrotou o Arsenal (ING) na decisão da Supercopa Europeia. Aliás, essa foi a única final internacional em que o clube vestiu uma camisa que não fossem as tradicionais um (listrada) e dois (branca).

MILAN

1994	1995	1994	1995	1995

1995	1996	1995	1996	1995	1996

1996	1997	1996	1997	1996	1997

MILAN

1996 | 1997

1997 | 1998

Durante 1997 e 1998, o Milan bateu o seu recorde de trocas de modelos de camisa em uma só temporada. Foram duas listradas (uma com patrocínio da Opel, outra com Astra), duas brancas (uma delas com a manga vermelha), uma preta e duas vermelhas, com desenhos distintos. A novidade nessa temporada também foi a volta do escudo do clube à camisa.

1997 | 1998

1997 | 1998

1997 | 1998

1997 | 1998

1997 | 1998

1997 | 1998

MILAN

1998 | 1999

1998 | 1999

1998 | 1999

1999 | 2000

No ano em que comemorava seu centenário, o Milan reeditou o seu primeiro modelo de camisa. Ela voltou a ter finas listras verticais, o escudo com a bandeira da cidade de Milão, além da gola também nas cores da camisa. A diferença em relação à primeira foi, além do tecido, o escudeto de campeão italiano na manga e os logos dos patrocinadores.

1999 | 2000

1999 | 2000

1999 | 2000

1999 | 2000

MILAN

2000	2001	2000	2001	2001	2002

2001	2002	2001	2002	2002	2003

2002	2003	2002	2003	2003

MILAN

2003 | 2004

2003 | 2004

2003 | 2004

2004 | 2005

2004 | 2005

2004 | 2005

2005

2005 | 2006

Desde a temporada 2005-06, o Milan padronizou suas três camisas. Nas duas primeiras (a primeira, vermelha, e a segunda, branca), nada de novo. A mudança ficou por conta da terceira, que desde então é feita sempre na cor preta. Assim, o clube deixou de apostar em cores que fugiam de suas tradições, como o amarelo e o azul.

MILAN

2005 | 2006	2005 | 2006	2006 | 2007
2006 | 2007	2007	2007 | 2008
2007 | 2008	2007 | 2008	2008 | 2009

MILAN

2008 | 2009	2008 | 2009	2009 | 2010
2009 | 2010	2009 | 2010	2010 | 2011
2010 | 2011	2010 | 2011	2011 | 2012

MILAN

2011 | 2012   2011 | 2012   2012 | 2013

2012 | 2013   2012 | 2013   2013 | 2014

2013 | 2014   2013 | 2014

Real Madrid
Espanha

A história do Real Madrid começou em 1897, com o Foot-ball Sky, o primeiro clube da capital espanhola a praticar o futebol. Seu idealizador, Julián Palácios, tentou difundir o esporte pela cidade, mas a dificuldade financeira não permitiu tal sonho. Assim, em 1900, a recém-fundada equipe já estava falida. Pouco depois, Julián juntou-se aos irmãos Juan e Carlos Padrós e a outros ex-integrantes do Sky e fundou um novo clube, o Madrid Foot-Ball Club, no dia 6 de março de 1902. Nascia ali um dos maiores clubes de todos os tempos.

Nessa data, foi criada uma Junta Diretiva que escolheu o primeiro presidente do clube (Juan Padrós) e também como seria seu primeiro uniforme. Inspirado no clube inglês Corinthian – o mesmo que inspirou o nome do Corinthians Paulista em 1910 –, a camisa escolhida pelo Madrid foi a branca. O novo clube adotou também o calção e os meiões azul-escuros. Já o uniforme dois teria também a camisa branca, mas com calção branco e meias pretas. Com o tempo, porém, o calção branco tornou-se o principal.

Em 1920, o clube teve sua primeira grande mudança ao receber o título de Real pelo rei da Espanha, Alfonso XIII. Assim, mudou seu nome para Real Madrid Foot-Ball Club e colocou uma coroa acima do escudo. Pouco depois, mais novidades. Após uma viagem ao Reino Unido, dois jogadores do Madrid FC, Escobal e Quesada, voltaram encantados com o uniforme do Corinthian, famoso clube amador de Londres. Assim, convenceram o presidente do Real, Parages, a mudar o uniforme para camisa bege e calção preto. Porém, após duas duras derrotas para o Barcelona, pelas quartas de final da Copa do Rei da Espanha, em 1926 (5 X 1 fora e 3 X 0 em casa), o presidente Parages amaldiçoou a camisa, que jamais voltou a ser utilizada.

Já em 1955, houve outra grande mudança na história do uniforme do Real Madrid. Suas meias deixam de ser azuis e o time passa a jogar todo de branco. Com a conquista de cinco Copas dos Campeões da Europa consecutivas, no período do reinado de Di Stéfano e Puskas, esse uniforme caiu definitivamente no gosto do seu torcedor, permanecendo assim até os dias atuais.

Nos anos 1980, a camisa impecavelmente branca dá espaço aos patrocinadores e também aos novos desenhos. Detalhes em preto, roxo, azul e dourado são incorporados ao uniforme principal, um dos mais imponentes do futebol mundial.

REAL MADRID

1902 | 1907

Inspirado no Corinthian, famoso time amador da Inglaterra – o mesmo que deu origem ao nome do Corinthians Paulista, em 1910 –, o Madrid Foot-Ball Club criou uma camisa toda branca em sua fundação. Com botões, a camisa apresentava também o primeiro escudo do clube, com as inicias entrelaçadas (MFC). O uniforme principal tinha ainda calção azul-escuro e meias azul-escuras.

1904 | 1908

1904 | 1911

Na primeira década do século passado, o Real Madrid foi obrigado a intercalar no uniforme o uso do escudo oficial com o do Ajuntamento de Madri, um dos símbolos da cidade, em partidas oficiais. Esse brasão é, equivocadamente, associado a um dos escudos oficiais da história do Real Madrid.

1908 | 1920

1920 | 1930

No dia 29 de junho de 1920, o rei Afonso XIII concedeu o título de Real ao clube, mediante documento público. Assim, o nome oficial ficou Real Madrid Foot-Ball Club. Nessa época, o escudo ganhou uma coroa acima do distintivo. Para algumas partidas oficiais, porém, foi utilizado também, alternadamente, um escudo colorido da cidade de Madri.

1920 | 1930

REAL MADRID

1925

O Corintian, de Londres, ficou conhecido mundialmente por ter sido um clube amador, avesso ao profissionalismo, e também pelo belo estilo de jogo. No início do século, o clube inspirou a cor branca na camisa do Real. Pouco depois, o seu bege serviu de modelo para a camisa de 1925. Porém, após duas duras derrotas para o Barcelona, a camisa foi aposentada.

1931 | 1940

1941 | 1952

O escudo da camisa da década de 1940 e início dos anos 1950, após a Guerra Civil espanhola, apresentou um aspecto parecido com o emblema utilizado anteriormente, na época da República, na década de 1920. O novo escudo volta a ter a coroa, símbolo da monarquia, e a cor dourada se faz presente pela primeira vez, destacando-se no escudo.

1952 | 1955

1955 | 1960

Em 1955, o Real Madrid deixa de jogar com suas meias azuis ou pretas e adota pela primeira vez os meiões brancos. Assim, o uniforme do clube passa a ser inteiramente branco, ou "blanco inmaculado", como gostam de dizer os torcedores madridistas. Dessa forma, todo branco, o Real ganha cinco Copas dos Campeões da Europa seguidas e imortaliza o uniforme.

Nas cinco primeiras edições da Copa dos Campeões da Europa, entre 1955-56 e 1959-60, o Real Madrid conquistou todos os títulos utilizando a camisa branca. Este uniforme passou então a ser uma referência e tornou-se definitivamente o seu principal. Desde então, o time não usou mais calção ou meião escuro no uniforme um.

REAL MADRID

1955 | 1980

1960

Na decisão do primeiro Mundial Interclubes, entre Real Madrid e Peñarol, do Uruguai, o time espanhol foi representado com um escudo da Uefa, a Confederação Europeia, em sua camisa. E o uniforme deu sorte. Depois do 0 X 0 em Montevidéu, o Real conquistou a taça em casa, goleando por 5 X 1. O escudo da Uefa, porém, nunca mais voltou a ser utilizado pelo Real.

1960

1962

1964 | 1966

1965

1970

No dia 25 de agosto de 1965, o Real Madrid entrou em campo de verde pela primeira vez em sua história. Em excursão pela América do Sul, o clube foi enfrentar o River Plate, da Argentina, e não levou sua camisa reserva. Assim, precisou improvisar e pegou emprestado de um clube local uma camisa verde. Em 2012, o clube voltou a jogar com essa cor.

REAL MADRID

1970 | 1973

1971 | 1980

O Real Madrid jogou com uma camisa vermelha em três oportunidades na década de 1970. Na primeira delas, pelas quartas de final da antiga Recopa Europeia, diante do Cardiff, do País de Gales, no dia 10 de março de 1971. Pouco depois, no dia 14 de abril, enfrentou o PSV, da Holanda, também de vermelho, na semifinal. Já em 1973, pegou o Dinamo Kiev de vermelho.

1980 | 1981

1980 | 1981

Pela primeira vez, o Real Madrid coloca o logotipo do fornecedor de material esportivo em sua camisa, a alemã Adidas. Nesse modelo de 1980, o uniforme trouxe algumas novidades, como as famosas três listras da Adidas nos ombros, no calção e na parte superior das meias. Entre 1955 e 1980, o uniforme do Real sempre foi totalmente branco.

1981

1982 | 1985

Em 1982, a marca Zanussi tornou-se a primeira a exibir o patrocínio na camisa do Real Madrid. A empresa italiana de eletrodomésticos ficou no uniforme do clube espanhol até 1985, ano em que foi comprada pela Electrolux. Já a partir de 1985, outra empresa italiana, a Parmalat, patrocinou a camisa do Real.

REAL MADRID

1982 | 1985

1985 | 1986

1985 | 1986

1986 | 1989

1986 | 1989

Em 1986, a camisa do Real Madrid deixou de ser fabricada pela alemã Adidas e passou a ser confeccionada pela dinamarquesa Hummel. A nova parceria durou até 1994. Nesse período, o Real contou com quatro patrocinadores diferentes na camisa: Parmalat, Reny Picot, Otaysa e Teka. Mas foi na temporada 1992-93 que a Hummel mais inovou, ao introduzir a gola azul.

1989

1990 | 1991

1990 | 1991

REAL MADRID

1991 | 1992

1991 | 1992

1992 | 1993

1992 | 1993

1992 | 1993

1993 | 1994

1993 | 1994

Em 1994, a Kelme entrou no lugar da Hummel. Logo em seu primeiro modelo, a empresa espanhola inovou com um tom mais roxo na camisa no lugar do tradicional azul. A logomarca da Kelme (o formato de uma pata) também teve presença marcante nas camisas do Real até 1998. Camisas reservas com desenhos bem atípicos também entraram em cena nessa época.

1994 | 1996

REAL MADRID

1994	1996	1995	1997	1996	1997

1996	1997	1996	1997	1996	1997

1996	1998	1997	1998	1997	1998

REAL MADRID

1998

1998 | 1999

Fornecedora de material esportivo do Real entre 1980 e 1986, a Adidas volta a patrocinar o clube 12 anos depois. De cara, volta a colocar detalhes azuis na camisa – no lugar do roxo da Kelme. Mais bonitos, os uniformes ganham também detalhes dourados, justamente na época em que o clube volta a ser um dos maiores vencedores de títulos, na era dos Galácticos.

1998 | 1999

1998 | 1999

1998 | 2000

1998 | 2000

1999 | 2000

1999 | 2000

REAL MADRID

1999 | 2000

1999 | 2000

1999 | 2001

2000

2000 | 2001

> Entre 2001 e 2002, o Real Madrid ficou sem patrocinador de camisa. Na temporada 2001-02, o clube chegou a divulgar o seu site oficial no lugar do patrocínio – realmadrid.com. No ano seguinte, 2002, quando comemorou seu centenário, o clube decidiu jogar de camisa limpa para recordar os primeiros modelos de sua história.

2001 | 2002

2001 | 2002

2001 | 2002

REAL MADRID

2001 | 2002	2001 | 2002	2001 | 2002
2001 | 2002	2001 | 2002	2001 | 2002
2001 | 2002	2002	2002 | 2003

REAL MADRID

2002 | 2003

2002 | 2003

2002 | 2003

2003 | 2004

2003 | 2004

Na temporada em que o inglês David Beckham chegou para completar o time dos Galácticos, ao lado de Ronaldo, Zidane, Raul e Roberto Carlos, o Real Madrid tem como patrocinador a Siemens Mobile. A camisa apresenta uma novidade: a volta da gola redonda, ausente desde o final da década de 1970.

2003 | 2004

2004 | 2005

2004 | 2005

REAL MADRID

2004 | 2005

2005 | 2006

2005 | 2006

2005 | 2006

2006 | 2007

Em 2006, ao lado direito da camisa, oposto ao escudo, a camisa do Real ganhou um novo logotipo, feito especialmente pela Fifa, que premiou o clube como o melhor do século XX. Pouco depois, em 2007, o clube passou a exibir na manga da camisa um escudeto da Uefa, representando os nove títulos conquistados na Liga dos Campeões da Europa.

2006 | 2007

2007 | 2008

2007 | 2008

REAL MADRID

2007	2008	2008	2009	2008	2009
2008	2009	2008	2009	2009	2010
2009	2010	2009	2010	2009	2010

REAL MADRID

2010 | 2011

2010 | 2011

2010 | 2011

2010 | 2011

2010 | 2011

2010 | 2011

2010 | 2011

2011 | 2012

Na temporada 2011-12, a camisa do Real deixa de receber detalhes em azul e ganha traços na cor dourada. Nessa temporada, a grande novidade do clube, porém, é a volta da camisa vermelha, usada para jogos internacionais, na Liga dos Campeões. Esse modelo havia sido utilizado apenas algumas vezes, na década de 1970.

REAL MADRID

2011 | 2012	2011 | 2012	2011 | 2012
2012 | 2013	2012 | 2013	2012 | 2013
2013 | 2014	2013 | 2014	2013 | 2014

LIGA DOS CAMPEÕES DA EUROPA
FINAIS

O torneio de clubes mais rico e prestigiado do mundo, a Liga dos Campeões da Uefa, é a sucessora da antiga Copa dos Campeões da Europa, realizada desde 1955. Em seu novo formato, desde 1992-93, a Copa dos Campeões cresceu em número de participantes e passou a reunir anualmente os mais poderosos clubes do Velho Continente.

Em 58 edições realizadas até 2013, 39 diferentes clubes já participaram das finais da competição. Entre eles, os dez maiores clubes da Europa, que vimos nas páginas anteriores. O Real Madrid é o maior vencedor da Liga até então, com nove títulos, seguido pelo Milan, com sete; Bayern Munique e Liverpool (cinco); Ajax e Barcelona (quatro); Internazionale e Manchester United (três); Benfica, Juventus, Nottingham Forest e Porto (dois), Aston Villa, Borussia Dortmund, Celtic, Chelsea, Estrela Vermelha, Feyenoord, Hamburgo, Olympique de Marselha, PSV Eindhoven e Steaua Bucareste (um).

A seguir, as fichas técnicas de todas as decisões da Liga dos Campeões e as camisas utilizadas pelos clubes nessas finais.

Dados históricos sobre a competição

Maior finalista: Real Madrid (12)
País com mais títulos: Espanha (13)
Gols em finais: 154 (média de 2,66 por jogo)
Maior público: 127.621 (em 1960, Real Madrid 7 X 3 Eintracht Frankfurt)
Menor público: 23.325 (em 1974, Bayern Munique 4 X 0 Atlético de Madri)
Média de público em finais: 65.547
Expulsões em finais: 2 (Lehmann, do Arsenal, em 2006; Drogba, do Chelsea, em 2008)
Campeão mais novo: Antônio Simões (Benfica, 1961, 18 anos e 139 dias)
Campeão mais velho: Paolo Maldini (Milan, 2007, 38 anos e 332 dias)
Jogador com mais títulos: Gento, Real Madrid (6)
Campeão por mais times: Seedorf (Ajax, 1995, Real Madrid, 1998 e Milan, 2003 e 2007)
Técnico com mais títulos: Bob Paisley (3)

LIGA DOS CAMPEÕES DA EUROPA (FINAIS)

REAL MADRID (ESP) 4 X 3 STADE DE REIMS (FRA)

Data: 13/6/1956
Estádio: Parc des Princes (Paris, França)
Árbitro: Artur Ellis (Inglaterra)
Público: 38.239
Gols: Leblond 6', Templin 10', Di Stefano 14' e Rial 30' do 1º; Hidalgo 17', Marquitos 22' e Rial 34' do 2º
REAL MADRID: Alonso, Atienza, Marquitos e Lesmes; Muñoz e Zárraga; Joseito, Marsal, Di Stefano, Rial e Gento. **Técnico:** José Villalonga
STADE DE REIMS: Jacquet, Zimny, Jonquet e Giraudo; Leblond e Siatka; Hidalgo, Glovacki, Kopa, Bliard e Templin. **Técnico:** Albert Batteux

REAL MADRID (ESP) 2 X 0 FIORENTINA (ITA)

Data: 30/5/1957
Estádio: Santiago Bernabéu (Madri, Espanha)
Árbitro: Leo Horn (Holanda)
Público: 124.000
Gols: Di Stefano 24' e Gento 30' do 2º
REAL MADRID: Alonso, Torres, Marquitos e Lesmes; Muñóz e Zárraga; Kopa, Mateos, Di Stefano, Rial e Gento. **Técnico:** José Villalonga
FIORENTINA: Sarti, Magnini, Orzan e Cervato; Scaramucci e Segato; Julinho, Gratton, Virgili, Montuori e Bizzarri. **Técnico:** Fulvio Bernardini

REAL MADRID (ESP) 3 X 2 MILAN (ITA)

Data: 28/5/1958
Estádio: Heysel (Bruxelas, Bélgica)
Árbitro: Albert Alsteen (Bélgica)
Público: 67.000
Gols: Schiaffino 14', Di Stefano 29', Grillo 32' e Rial 34' do 2º. Prorrogação: Gento 2' do 2º
REAL MADRID: Alonso, Atienza, Santamaría e Lesmes; Santistebán e Zarraga; Kopa, Joseito, Di Stefano, Rial e Gento. **Técnico:** Luis Carniglia
MILAN: Soldan, Fontana, Cesare Maldini e Beraldo; Bergamaschi e Radice; Danova, Liedholm, Schiaffino, Grillo e Cucchiaroni. **Técnico:** Giuseppe Viani

LIGA DOS CAMPEÕES DA EUROPA (FINAIS)

REAL MADRID (ESP) 2 X 0 STADE DE REIMS (FRA)

Data: 3/6/1959
Estádio: Neckarstadion (Stuttgart, Alemanha)
Árbitro: Albert Dusch (Alemanha)
Público: 72.000
Gols: Mateos 2' do 1°; Di Stefano 2' do 2°
REAL MADRID: Dominguez, Marquitos, Santamaría e Zarraga; Santistebán e Ruiz; Kopa, Mateos, Di Stefano, Rial e Gento.
Técnico: Luis Carniglia
STADE DE REIMS: Colonna, Rodzik, Jonquet e Giraudo; Penverne e Leblond; Lamartine, Bliard, Fontaine, Piantoni e Vincent. **Técnico:** Albert Batteux

REAL MADRID (ESP) 7 X 3 EINTRACHT FRANKFURT (ALE)

Data: 18/5/1960
Estádio: Hampden Park (Glasgow, Escócia)
Árbitro: Jack Mowat (Escócia)
Público: 127.621
Gols: Kress 18', Di Stefano 27' e 30' e Puskas 45' do 1°; Puskas 11', 15' e 26', Stein 27' e 31' e Di Stefano 28' do 2°
REAL MADRID: Dominguez, Marquitos, Santamaría e Pachin; Vidal e Zarraga; Canario, Del Sol, Di Stefano, Puskas e Gento.
Técnico: Miguel Muñoz
EINTRACHT FRANKFURT: Loy, Lutz, Eigenbrodt e Höfer; Weilbächer e Stinka; Kress, Lindner, Stein, Pfaff e Meier. **Técnico:** Paul Oswald

BENFICA (POR) 3 X 2 BARCELONA (ESP)

Data: 31/5/1961
Estádio: Wankdorf (Berna, Suíça)
Árbitro: Gottfried Dienst (Suíça)
Público: 26.732
Gols: Kocsis 20', Aguas 30' e Ramallets (contra) 32' do 1°; Coluna 10' e Czibor 30' do 2°
BENFICA: Costa Pereira, João, Germano e Angelo; Neto e Cruz; Augusto, Santana, Águas, Coluna e Cavém. **Técnico:** Béla Guttmann
BARCELONA: Ramallets, Foncho, Gensana e Gracia; Vergés e Garay; Kubala, Kocsis, Evaristo de Macedo, Suárez e Czibor.
Técnico: Enrique Orizaola

LIGA DOS CAMPEÕES DA EUROPA (FINAIS)

BENFICA (POR) 5 X 3 REAL MADRID (ESP)

Data: 2/5/1962
Estádio: Olímpico (Amsterdã, Holanda)
Árbitro: Leo Horn (Holanda)
Público: 61.257
Gols: Puskas 17', 23' e 38', Aguas 25' e Cavém 34' do 1º; Coluna 6' e Eusébio 18' e 23' do 2º
BENFICA: Costa Pereira, João, Germano e Angelo; Cavém e Cruz; Augusto, Eusébio, Aguas, Coluna e Simões. **Técnico:** Béla Guttmann
REAL MADRID: Araquistáin, Casado, Santamaría e Miera; Felo e Pachin; Tejada, Del Sol, Di Stefano, Puskas e Gento. **Técnico:** Miguel Muñoz

MILAN (ITA) 2 X 1 BENFICA (POR)

Data: 22/5/1963
Estádio: Wembley (Londres, Inglaterra)
Árbitro: Arthur Holland (Inglaterra)
Público: 45.715
Gols: Eusébio 19' do 1º; Altafini 13' e 21' do 2º
MILAN: Ghezzi, David, Cesare Maldini e Trebbi; Benitez e Trapattoni; Pivatelli, Sani, Altafini, Rivera e Mora. **Técnico:** Nereo Rocco
BENFICA: Costa Pereira, Cavém, Cruz, Humberto e Raul; Coluna e Santana; Augusto, Torres, Eusébio e Simões. **Técnico:** Fernando Riera

INTERNAZIONALE (ITA) 3 X 1 REAL MADRID (ESP)

Data: 27/5/1964
Estádio: Prater (Viena, Áustria)
Árbitro: Josef Stoll (Áustria)
Público: 71.333
Gols: Mazzola 43' do 1º; Milani 16', Felo 25' e Mazzola 31' do 2º
INTERNAZIONALE: Sarti, Burgnich, Guarneri e Facchetti; Tagnin e Picchi; Jair, Mazzola, Milani, Suárez e Corso. **Técnico:** Helenio Herrera
REAL MADRID: Vicente, Isidro, Santamaría e Pachin; Zoco e Muller; Amancio, Felo, Di Stefano, Puskas e Gento. **Técnico:** Miguel Muñoz

LIGA DOS CAMPEÕES DA EUROPA (FINAIS)

INTERNAZIONALE (ITA) 1 X 0 BENFICA (POR)

Data: 27/5/1965
Estádio: San Siro (Milão, Itália)
Árbitro: Gottfried Dienst (Suíça)
Público: 89.000
Gol: Jair 42' do 1º
INTERNAZIONALE: Sarti, Burgnich, Guarneri e Facchetti; Bedin e Picchi; Jair, Mazzola, Peiró, Suárez e Corso. **Técnico:** Helenio Herrera
BENFICA: Costa Pereira, Cavém, Cruz, Germano e Raul; Neto e Coluna; Augusto, Eusébio, Torres e Simões. **Técnico:** Elek Schwartz

REAL MADRID (ESP) 2 X 1 PARTIZAN (IUG)

Data: 11/5/1966
Estádio: Heysel (Bruxelas, Bélgica)
Árbitro: Rudolf Kreitlein (Alemanha)
Público: 46.745
Gols: Vasovic 10', Amancio 25' e Serena 30' do 2º
REAL MADRID: Araquistáin, Pachin, De Felipe e Zoco; Sanchis, Pirri e Velázquez; Serena, Amancio, Grosso e Gento. **Técnico:** Miguel Muñoz
PARTIZAN: Soskic, Jusufi, Rasovic, Vasovic e Mihajlovic; Kovacevic e Becejac; Bajic, Hasanagic, Galic e Pirmajer. **Técnico:** Abdulah Gegic

CELTIC (ESC) 2 X 1 INTERNAZIONALE (ITA)

Data: 25/5/1967
Estádio: Nacional (Lisboa, Portugal)
Árbitro: Kurt Tschenscher (Alemanha)
Público: 45.000
Gols: Mazzola 11' do 1º; Gemmell 18' e Chalmers 40' do 2º
CELTIC: Simpson, Craig, McNeill e Gemmell; Murdoch e Clark; Johnstone, Wallace, Chalmers, Auld e Lennox. **Técnico:** Jock Stein
INTERNAZIONALE: Sarti, Burgnich, Guarneri e Facchetti; Bedin e Picchi; Domenghini, Mazzola, Cappellini, Bicicli e Corso. **Técnico:** Helenio Herrera

LIGA DOS CAMPEÕES DA EUROPA (FINAIS)

MANCHESTER UNITED (ING) 4 X 1 BENFICA (POR)

Data: 29/5/1968
Estádio: Wembley (Londres, Inglaterra)
Árbitro: Lo Bello (Itália)
Público: 92.225
Gols: Charlton 8' e Graca 30' do 2º; Prorrogação: Best 3', Kidd 4' e Charlton 9' do 1º
MANCHESTER UNITED: Stepney, Brennan, Stiles, Foulkes e Dunne; Crerand, Charlton e Sadler; Best, Kidd e Aston. **Técnico:** Matt Busby
BENFICA: Henrique, Adolfo, Humberto, Jacinto e Cruz; Graça, Coluna e Augusto; Eusébio, Torres e Simões. **Técnico:** Otto Glória

MILAN (ITA) 4 X 1 AJAX (HOL)

Data: 28/5/1969
Estádio: Santiago Bernabéu (Madri, Espanha)
Árbitro: José María Ortiz de Mendibil (Espanha)
Público: 31.782
Gols: Prati 7' e 40' do 1º; Vasovic 15', Sormani 22' e Prati 30' do 2º
MILAN: Cudicini, Malatrasi, Anquilletti, Schnellinger e Rosato; Trappattoni, Lodetti e Rivera; Hamrin, Sormani e Prati. **Técnico:** Nereo Rocco
AJAX: Bals, Suurbier (Muller), Hulshoff, Vasovic e Van Duivenbode; Pronk e Groot (Nuninga); Swart, Cruyff, Danielsson e Keizer. **Técnico:** Rinus Michels

FEYENOORD (HOL) 2 X 1 CELTIC (ESC)

Data: 6/5/1970
Estádio: San Siro (Milão, Itália)
Árbitro: Lo Bello (Itália)
Público: 53.187
Gols: Gemmell 29' e Israel 31' do 1º; Prorrogação: Kindvall 12' do 2º
FEYENOORD: Pieters Graafland, Romeijn (Haak), Laseroms, Israel e Van Duivenbode; Hasil e Jansen; Van Hanegem, Wery, Kindvall e Moulijn. **Técnico:** Ernst Happel
CELTIC: Williams, Hay, Brogan, McNeill e Gemmell; Murdoch e Auld (Connelly); Johnstone, Lennox, Wallace e Hughes. **Técnico:** Jock Stein

LIGA DOS CAMPEÕES DA EUROPA (FINAIS)

AJAX (HOL) 2 X 0 PANATHINAIKOS (GRE)

Data: 2/6/1971
Estádio: Wembley (Londres, Inglaterra)
Árbitro: Jack Taylor (Inglaterra)
Público: 83.179
Gols: Van Dijk 5' do 1º; Haan 42' do 2º
AJAX: Stuy, Neeskens, Hulshoff, Vasovic e Suurbier; Rijnders (Blankenburg) e G. Mühren; Swart (Haan), Cruyff, Van Dijk e Keizer. **Técnico:** Rinus Michels
PANATHINAIKOS: Ekonomopoulos, Tomaras, Kapsis, Sourpis e Vlahos; Kamaras e Eleftherakis; Grammos, Antoniadis, Domazos e Filakouris. **Técnico:** Ferenc Puksas

AJAX (HOL) 2 X 0 INTERNAZIONALE (ITA)

Data: 31/5/1972
Estádio: De Kuip (Roterdã, Holanda)
Árbitro: Robert Helies (França)
Público: 61.354
Gols: Cruyff 2' e 31' do 2º
AJAX: Stuy, Suurbier, Blankenburg, Hulshoff e Krol; Neeskens, Haan e G. Mühren; Swart, Cruyff e Keizer. **Técnico:** Stefan Kovacs
INTERNAZIONALE: Bordon, Burgnich, Facchetti, Bellugi e Oriali; Giubertoni (Bertini), Bedin, Frustalupi; Jair (Pellizzaro), Mazzola e Boninsegna. **Técnico:** Giovanni Invernizzi

AJAX (HOL) 1 X 0 JUVENTUS (ITA)

Data: 30/5/1973
Estádio: Estrela Vermelha (Belgrado, Iugoslávia)
Árbitro: Milivoje Gugulovic (Iugoslávia)
Público: 89.484
Gol: Rep 4' do 1º
AJAX: Stuy, Suurbier, Hulshoff, Blankenburg e Krol; Neeskens, G. Mühren e Haan; Rep, Cruyff e Keizer. **Técnico:** Stefan Kovacs
JUVENTUS: Zoff, Salvadore, Marchetti, Morini e Longobucco; Causio (Cuccureddu), Furino e Capello; Altafini, Anastasi e Bettega (Haller). **Técnico:** Cestmir Vycpalek

LIGA DOS CAMPEÕES DA EUROPA (FINAIS)

BAYERN MUNIQUE (ALE) 4 X 0 ATLÉTICO DE MADRI (ESP)

Data: 17/5/1974
Estádio: Heysel (Bruxelas, Bélgica)
Árbitro: Alfred Delcourt (Bélgica)
Público: 23.325
Gols: Hoeness 28' do 1°; Müller 11' e 24' e Hoeness 38' do 2°
BAYERN MUNIQUE: Maier, Hansen, Breitner, Schwarzenbeck e Beckenbauer; Roth, Zobel e Hoeness; Torstensson, Müller e Kapellmann.
Técnico: Udo Lattek
ATLÉTICO DE MADRI: Reina, Melo, Capón, Adelardo (Benegas) e Heredia; Aragonés, Eusebio e Becerra; Fernandez (Ufarte), Garate e Salcedo. **Técnico:** Juan Carlos Lorenzo

BAYERN MUNIQUE (ALE) 2 X 0 LEEDS UNITED (ING)

Data: 28/5/1975
Estádio: Parc des Princes (Paris, França)
Árbitro: Michel Kitabdjian (França)
Público: 48.374
Gols: Roth 26' e Müller 36' do 2°
BAYERN MUNIQUE: Maier, Beckenbauer, Schwarzenbeck, Dürnberger e Andersson (Weiss); Zobel, Roth e Kapellmann; Hoeness (Wunder), Müller e Torstensson. **Técnico:** Dettmar Cramer
LEEDS UNITED: Stewart, Reaney, F. Gray, Madeley e Hunter; Bremner, Giles e Yorath (E. Gray); Lorimer, Clarke e Jordan. **Técnico:** Jimmy Armfield

BAYERN MUNIQUE (ALE) 1 X 0 SAINT-ETIENNE (FRA)

Data: 12/5/1976
Estádio: Hampden Park (Glasgow, Escócia)
Árbitro: Karoly Palotai (Hungria)
Público: 54.864
Gol: Roth 12' do 2°
BAYERN MUNIQUE: Maier, Hansen, Schwarzenbeck, Beckenbauer e Horsmann; Roth, Dürnberger, Kapellmann e Rummenigge; Müller e Hoeness. **Técnico:** Dettmar Cramer
SAINT-ETIENNE: Curkovic, Repellini, Piazza, Lopez e Janvion; Bathenay, Santini e Larqué; Patrick Revelli, Hervé Revelli e Sarramagna (Rocheteau). **Técnico:** Robert Herbin

LIGA DOS CAMPEÕES DA EUROPA (FINAIS)

LIVERPOOL (ING) 3 X 1 BORUSSIA MOENCHENGLADBACH (ALE)

Data: 25/5/1977
Estádio: Olímpico (Roma, Itália)
Árbitro: Robert Wurtz (França)
Público: 52.078
Gols: McDermott 28' do 1º; Simonsen 6', Smith 20' e Neal 38' do 2º
LIVERPOOL: Clemence, Neal, Jones, Smith e Hughes; Case, Kennedy, Callaghan e McDermott; Keegan e Heighway. **Técnico:** Bob Paisley
BORUSSIA MOENCHENGLADBACH: Kneib, Vogts, Klinkhammer, Wittkamp e Schäffer; Wohlers (Hannes), Wimmer (Kulik), Stielike e Bonhof; Simonsen e Heynckes. **Técnico:** Udo Lattek

LIVERPOOL (ING) 1 X 0 BRUGGE (BEL)

Data: 10/5/1978
Estádio: Wembley (Londres, Inglaterra)
Árbitro: Charles Corver (Holanda)
Público: 92.500
Gol: Dalglish 19' do 2º
LIVERPOOL: Clemence, Neal, Thompson, Hansen e Hughes; McDermott, Kennedy e Souness; Case (Heighway), Fairclough e Dalglish. **Técnico:** Bob Paisley
BRUGGE: Jensen, Bastijns, Krieger, Leekens e Maes (Volders); Cools, Decubber, Vandereycken e Kü (Sanders); Simeon e Sörensen. **Técnico:** Ernst Happel

NOTTINGHAM FOREST (ING) 1 X 0 MALMOE (SUE)

Data: 30/5/1979
Estádio: Olímpico (Munique, Alemanha)
Árbitro: Erich Linemayr (Áustria)
Público: 57.500
Gol: Francis 45' do 1º
NOTTINGHAM FOREST: Shilton, Anderson, Lloyd, Burns e Clark; Francis, McGovern, Bowyer e Robertson; Woodcock e Birtles. **Técnico:** Brian Clough
MALMOE: Moller, Roland Andersson, Jonsson, Magnus Andersson, Erlandsson; Tapper (Malmberg), Ljungberg, Prytz e Kinnvall; Hansson (Tommy Andersson) e Cervin. **Técnico:** Bob Houghton

LIGA DOS CAMPEÕES DA EUROPA (FINAIS)

NOTTINGHAM FOREST (ING) 1 X 0 HAMBURGO (ALE)

Data: 28/5/1980
Estádio: Santiago Bernabéu (Madri, Espanha)
Árbitro: Antonio da Silva Garrido (Portugal)
Público: 51.000
Gol: Robertson 19' do 1º
NOTTINGHAM FOREST: Shilton, Anderson, Gray (Gunn), Lloyd e Burns; O'Neill, McGovern, Bowyer, Mills (O'Hare) e Robertson; Birtles. **Técnico:** Brian Clough
HAMBURGO: Kargus, Kaltz, Nogly, Buljan e Jakobs; Hieronymus (Hrubesch), Magath e Memering; Keegan, Reimann e Milewski.
Técnico: Branko Zebek

LIVERPOOL (ING) 1 X 0 REAL MADRID (ESP)

Data: 27/5/1981
Estádio: Parc des Princes (Paris, França)
Árbitro: Karoly Palotai (Hungria)
Público: 48.360
Gol: Alan Kennedy 37' do 2º
LIVERPOOL: Clemence, Neal, Thompson, Hansen e Alan Kennedy; Lee, McDermott, Souness e Ray Kennedy; Dalglish (Case) e Johnson. **Técnico:** Bob Paisley
REAL MADRID: Agustin, Cortes (Pineda), Navajas e Sabido; Del Bosque, Angel, Camacho e Stielike; Juanito, Santillana e Cunningham. **Técnico:** Vujadin Boskov

ASTON VILLA (ING) 1 X 0 BAYERN MUNIQUE (ALE)

Data: 26/5/1982
Estádio: De Kuip (Roterdã, Holanda)
Árbitro: Georges Konrath (França)
Público: 46.000
Gol: Withe 22' do 2º
ASTON VILLA: Rimmer (Spink), Swain, Evans, McNaught e Williams; Bremner, Cowans e Mortimer; Shaw, Withe e Morley.
Técnico: Tony Barton
BAYERN MUNIQUE: Muller, Dremmler, Weiner, Augenthaler e Horsmann; Mathy (Guttler), Breitner, Kraus (Niedermayer) e Durnberger; Rummenigge e Dieter Hoeness.
Técnico: Pal Csernai

LIGA DOS CAMPEÕES DA EUROPA (FINAIS)

HAMBURGO (ALE) 1 X 0 JUVENTUS (ITA)

Data: 25/5/1983
Estádio: Olímpico (Atenas, Grécia)
Árbitro: Nicolae Reinea (Romênia)
Público: 73.500
Gol: Magath 9' do 1º
HAMBURGO: Stein, Kaltz, Hieronymus, Jakobs e Wehmeyer; Groh, Rolff, Magath e Milewski; Bastrup (Von Heesen) e Hrubesch. **Técnico:** Ernst Happel
JUVENTUS: Zoff, Gentile, Brio, Scirea e Cabrini; Bonini, Tardelli e Bettega; Platini, Rossi (Marocchino) e Boniek. **Técnico:** Giovanni Trapattoni

LIVERPOOL (ING) 1 (4) X 1 (2) ROMA (ITA)

Data: 30/5/1984
Estádio: Olímpico (Roma, Itália)
Árbitro: Erik Fredriksson (Suécia)
Público: 69.693
Gols: Neal 15' e Pruzzo 44' do 1º; **Pênaltis:** Liverpool: Neal, Souness, Rush e Alan Kennedy; Nicol perdeu. Roma: Di Bartolomei e Righetti; Conti e Graziani perderam
LIVERPOOL: Grobbelaar, Neal, Lawrenson, Hansen e Alan Kennedy; Johnston (Nicol), Lee, Souness e Whelan; Dalglish (Robinson) e Rush. **Técnico:** Joe Fagan
ROMA: Tancredi, Nappi, Bonetti, Righetti e Nela; Di Bartolomei, Falcão e Toninho Cerezo (Strukelj); Conti, Pruzzo (Chierico) e Graziani. **Técnico:** Nils Liedholm

JUVENTUS (ITA) 1 X 0 LIVERPOOL (ING)

Data: 29/5/1985
Estádio: Heysel (Bruxelas, Bélgica)
Árbitro: André Daina (Suíça)
Público: 58.000
Gol: Platini 13' do 2º
JUVENTUS: Tacconi, Favero, Cabrini, Brio e Scirea; Bonini, Platini e Tardelli; Briaschi (Prandelli), Rossi (Vignola) e Boniek. **Técnico:** Giovanni Trapattoni
LIVERPOOL: Grobbelaar, Neal, Beglin, Lawrenson (Gillespie) e Hansen; Nicol, Dalglish, Whelan e Wark; Rush e Walsh (Johnston). **Técnico:** Joe Fagan

LIGA DOS CAMPEÕES DA EUROPA (FINAIS)

STEAUA BUCARESTE (ROM) 0 (2) X 0 (0) BARCELONA (ESP)

Data: 7/5/1986
Estádio: Sánchez Pizjuán (Sevilha, Espanha)
Árbitro: Michel Vautrot (França)
Público: 70.000
Pênaltis: Steaua Bucareste: Lacatus e Balint; Majaru e Bölöni perderam. Barcelona: Alesanco, Pedraza, Pichi Alonso e Marcos perderam
STEAUA BUCARESTE: Ducadam, Iovan, Belodedici, Bumbescu e Barbulescu; Balint, Balan (Iordanescu), Bölöni e Majaru; Lacatus e Piturca (Radu). **Técnico:** Emerich Jenei
BARCELONA: Urruti, Gerardo, Migueli, Alesanco e Julio Alberto; Víctor, Marcos Alonso, Schuster (Moratalla) e Pedraza; Archibald (Pichi Alonso) e Carrasco. **Técnico:** Terry Venables

PORTO (POR) 2 X 1 BAYERN MUNIQUE (ALE)

Data: 27/5/1987
Estádio: Praterstadion (Viena, Áustria)
Árbitro: Alexis Ponnet (Bélgica)
Público: 57.500
Gols: Kögl 24' do 1º; Madjer 33' e Juary 35' do 2º
PORTO: Mlynarczyk, João Pinto, Eduardo Luís, Celso, Inácio (Frasco); Quim (Juary), Magalhães, Madjer, Sousa e André; Futre. **Técnico:** Artur Jorge
BAYERN MUNIQUE: Pfaff, Winklhofer, Nachtweih, Eder e Pflüger; Flick (Lunde), Brehme, Matthäus e Michael Rummenigge; Dieter Hoeness e Kögl. **Técnico:** Udo Lattek

PSV EINDHOVEN (HOL) 0 (6) X 0 (5) BENFICA (POR)

Data: 25/5/1988
Estádio: Neckar (Stuttgart, Alemanha)
Árbitro: Luigi Agnolin (Itália)
Público: 68.000
Pênaltis: PSV Eindhoven: Koeman, Kieft, Nielsen, Vanenburg, Lerby e Janssen. Benfica: Elzo, Dito, Hajiri, Pacheco e Mozer; Veloso perdeu
PSV EINDHOVEN: Van Breukelen, Gerets, Van Aerle, Ronald Koeman e Heintze; Nielsen, Vanenburg, Linskens e Lerby; Kieft e Gillhaus (Janssen). **Técnico:** Guus Hiddink
BENFICA: Silvino, Veloso, Dito, Mozer e Álvaro; Elzo, Sheu, Chiquinho e Pacheco; Rui Águas (Valdo) e Magnusson (Hajri). **Técnico:** Antônio José Oliveira

LIGA DOS CAMPEÕES DA EUROPA (FINAIS)

MILAN (ITA) 4 X 0 STEAUA BUCARESTE (ROM)

Data: 24/5/1989
Estádio: Camp Nou (Barcelona, Espanha)
Árbitro: Karl-Heinz Tritschler (Alemanha)
Público: 97.000
Gols: Gullit 18' e 39' e Van Basten 28' do 1º; Van Basten 2' do 2º
MILAN: Giovanni Galli, Tassotti, Costacurta (Filippo Galli), Baresi e Maldini; Colombo, Rijkaard, Ancelotti e Donadoni; Gullit (Virdis) e Van Basten. **Técnico:** Arrigo Sacchi
STEAUA BUCARESTE: Lung, Iovan, Petrescu, Bumbescu e Ungureanu; Hagi, Stoica, Minea e Rotariu (Balint); Lacatus e Piturca. **Técnico:** Anghel Iordanescu

MILAN (ITA) 1 X 0 BENFICA (POR)

Data: 23/5/1990
Estádio: Praterstadion (Viena, Áustria)
Árbitro: Helmut Kohl (Áustria)
Público: 57.500
Gol: Rijkaard 23' do 2º
MILAN: Giovanni Galli, Tassotti, Costacurta, Baresi e Maldini; Colombo (Filippo Galli), Rijkaard, Ancelotti (Massaro) e Evani; Gullit e Van Basten. **Técnico:** Arrigo Sacchi
BENFICA: Silvino, José Carlos, Aldair, Ricardo Gomes e Samuel; Vítor Paneira (Vata), Valdo, Thern e Hernani; Magnusson e Pacheco (Brito). **Técnico:** Sven-Göran Eriksson

ESTRELA VERMELHA (IUG) 0 (5) X 0 (3) OLYMPIQUE DE MARSEILLE (FRA)

Data: 29/5/1991
Estádio: San Nicola (Bari, Itália)
Árbitro: Tulio Lanese (Itália)
Público: 56.000
Pênaltis: Estrela Vermelha: Prosinecki, Binic, Belodedici, Mihajlovic e Pancev. Olympique de Marseille: Casoni, Papin e Mozer; Amoros perdeu
ESTRELA VERMELHA: Stojanovic, Belodedici, Najdoski, Sabanadzovic, Jugovic, Marovic e Mihajlovic; Binic, Savicevic (Stosic) e Prosinecki; Pancev. **Técnico:** Ljubomir Petrovic
OLYMPIQUE DE MARSEILLE: Olmeta, Amoros, Boli, Mozer e Di Meco (Stojkovic); Fournier (Vercruysse), Germain, Casoni e Abedi Pele; Papin e Waddle. **Técnico:** Raymond Goethals

LIGA DOS CAMPEÕES DA EUROPA (FINAIS)

BARCELONA (ESP) 1 X 0 SAMPDORIA (ITA)

Data: 20/5/1992
Estádio: Wembley (Londres, Inglaterra)
Árbitro: Aron Schmidhuber (Alemanha)
Público: 70.827
Gol: Koeman 7' do 2º da prorrogação
BARCELONA: Zubizarreta, Eusebio, Ferrer, Ronald Koeman, Nando e Juan Carlos; Bakero, Guardiola (Alexanco) e Michael Laudrup; Salinas (Goikoetscea) e Stoitchkov. **Técnico:** Johan Cruyff
SAMPDORIA: Pagliuca, Mannini, Lanna, Vierchowod e Katanec; Lombardo, Pari, Toninho Cerezo e Ivano Bonetti (Invernizzi); Vialli (Buso) e Mancini. **Técnico:** Vujadin Boskov

OLYMPIQUE DE MARSEILLE (FRA) 1 X 0 MILAN (ITA)

Data: 26/5/1993
Estádio: Olímpico (Munique, Alemanha)
Árbitro: Kurt Röthlisberger (Suíça)
Público: 64.400
Gol: Boli 43' do 1º
OLYMPIQUE DE MARSELHA: Barthez, Angloma (Durand), Di Meco, Boli e Sauzée; Desailly, Eydelie e Boksic; Völler (Thomas), Abedi Pele e Deschamps. **Técnico:** Raymond Goethals
MILAN: Rossi, Tassotti, Maldini, Albertini e Costacurta; Baresi, Lentini e Rijkaard; Van Basten (Eranio), Donadoni (Papin) e Massaro. **Técnico:** Fabio Capello

MILAN (ITA) 4 X 0 BARCELONA (ESP)

Data: 18/5/1994
Estádio: Olímpico (Atenas, Grécia)
Árbitro: Philip Don (Inglaterra)
Público: 70.000
Gols: Massaro 22' e 45' do 1º; Savicevic 2' e Desailly 13' do 2º
MILAN: Rossi, Tassotti, Panucci, Albertini e Galli; Maldini (Nova), Donadoni, Desailly e Boban; Savicevic e Massaro. **Técnico:** Fabio Capello
BARCELONA: Zubizarreta, Ferrer, Guardiola, Ronald Koeman e Nadal; Bakero, Sergi (Quique) e Stoitchkov; Amor, Romário e Beguiristain (Eusebio). **Técnico:** Johan Cruyff

LIGA DOS CAMPEÕES DA EUROPA (FINAIS)

AJAX (HOL) 1 X 0 MILAN (ITA)

Data: 24/5/1995
Estádio: Ernst Happel (Viena, Áustria)
Árbitro: Ion Craciunescu (Romênia)
Público: 49.730
Gol: Kluivert 39' do 2º
AJAX: Van der Sar, Reiziger, Blind, Rijkaard e Frank de Boer; Seedorf (Kanu), Litmanen (Kluivert) e Davids; Finidi, Ronald de Boer e Overmars. **Técnico:** Louis Van Gaal
MILAN: Rossi, Panucci, Baresi, Desailly e Maldini; Donadoni, Boban (Lentini) e Albertini; Costacurta, Massaro (Eranio) e Simone. **Técnico:** Fabio Capello

JUVENTUS (ITA) 1 (4) X 1 (2) AJAX (HOL)

Data: 23/5/1996
Estádio: Olímpico (Roma, Itália)
Árbitro: Manuel Diaz Vega (Espanha)
Público: 70.000
Gols: Ravanelli 13 e Litmanen 41 do 1º
Pênaltis: Juventus: Ferrara, Pessotto, Padovano e Jugovic. Ajax: Litmanen e Scholten; Davids e Silooy perderam
JUVENTUS: Peruzzi, Ferrara, Torricelli, Vierchowod e Pessotto; Conte (Jugovic), Paulo Sousa (Di Livio), Deschamps e Del Piero; Vialli e Ravanelli (Padovano). **Técnico:** Marcelo Lippi
AJAX: Van der Sar, Silooy, Blind, Davids e Frank de Boer (Scholten); Ronald de Boer (Wooter), Litmanen e Musampa (Kluivert); Finidi, Kanu e Bogarde. **Técnico:** Louis Van Gaal

BORUSSIA DORTMUND (ALE) 3 X 1 JUVENTUS (ITA)

Data: 28/5/1997
Estádio: Olímpico (Munique, Alemanha)
Árbitro: Sandor Puhl (Hungria)
Público: 59.000
Gols: Riedle 29' e 34' do 1º; Del Piero 20' e Ricken 26' do 2º
BORUSSIA DORTMUND: Klos, Kohler, Sammer, Kree e Reuter; Lambert, Paulo Sousa, Heinrich e Möller (Zorc); Riedle (Herrlich) e Chapuisat (Ricken). **Técnico:** Ottmar Hitzfeld
JUVENTUS: Peruzzi, Porrini (Del Piero), Ferrara, Montero e Iuliano; Di Livio, Jugovic, Deschamps e Zidane; Boksic (Tacchinardi) e Vieri (Amoruso). **Técnico:** Marcelo Lippi

LIGA DOS CAMPEÕES DA EUROPA (FINAIS)

REAL MADRID (ESP) 1 X 0 JUVENTUS (ITA)

Data: 20/5/1998
Estádio: Amsterdã Arena (Amsterdã, Holanda)
Árbitro: Hellmut Krug (Alemanha)
Público: 48.500
Gol: Mijatovic 21' do 2º
REAL MADRID: Illgner, Hierro, Sanchís, Panucci e Roberto Carlos; Karembeu, Redondo, Seedorf e Mijatovic (Suker); Raúl (Amavisca) e Morientes (Jaime). **Técnico:** Jupp Heynckes
JUVENTUS: Peruzzi, Torricelli, Montero e Iuliano; Di Livio (Tacchinardi), Deschamps (Conte), Davids, Zidane e Pessotto (Fonseca); Del Piero e Filippo Inzaghi. **Técnico:** Marcelo Lippi

MANCHESTER UNITED (ING) 2 X 1 BAYERN MUNIQUE (ALE)

Data: 26/5/1999
Estádio: Camp Nou (Barcelona, Espanha)
Árbitro: Pierluigi Collina (Itália)
Público: 90.245
Gols: Basler 6' do 1º; Sheringham 46' e Solskjær 47' do 2º
MANCHESTER UNITED: Schmeichel, Gary Neville, Irwin, Johnsen e Stam; Beckham, Butt, Blomqvist (Sheringham) e Giggs; Andy Cole (Solskjær) e Yorke. **Técnico:** Alex Ferguson
BAYERN MUNIQUE: Kahn, Babbel, Kuffour, Matthäus (Fink), Linke e Tarnat; Jeremies, Effenberg, Basler (Salihamidzic); Zickler (Scholl) e Jancker. **Técnico:** Ottmar Hitzfeld

REAL MADRID (ESP) 3 X 0 VALENCIA (ESP)

Data: 24/5/2000
Estádio: Stade de France (Paris, França)
Árbitro: Stefano Braschi (Itália)
Público: 80.000
Gols: Morientes 39' do 1º; McManaman 22' e Raúl 30' do 2º
REAL MADRID: Casillas, Salgado, Iván Campo, Karanka e Roberto Carlos; Redondo, McManaman, Iván Helguera e Morientes (Sávio); Raúl (Sanchis) e Anelka (Hierro). **Técnico:** Vicente del Bosque
VALENCIA: Cañizares, Angloma, Djukic, Pellegrino e Gerardo (Ilie); Mendieta, Gerard, Farinós e Kily González; Claudio López e Angulo. **Técnico:** Héctor Cuper

LIGA DOS CAMPEÕES DA EUROPA (FINAIS)

BAYERN MUNIQUE (ALE) 1 (5) X 1 (4) VALENCIA (ESP)

Data: 23/5/2001
Estádio: San Siro (Milão, Itália)
Árbitro: Dick Jol (Holanda)
Público: 79.000
Gols: Mendieta 3' do 1º; Effenberg 5' do 2º; **Pênaltis:** Bayern Munique: Salihamidzic, Zickler, Effenberg, Lizarazu e Linke; Paulo Sérgio e Andersson perderam. Valencia: Mendieta, Carew, Baraja e Kily González; Zahovic, Carboni e Pellegrino perderam
BAYERN MUNIQUE: Kahn, Kuffour, Andersson, Linke e Sagnol (Jancker); Hargreaves, Effenberg, Lizarazu e Scholl (Paulo Sérgio); Élber (Zickler) e Salihamidzic. **Técnico:** Ottmar Hitzfeld
VALENCIA: Cañizares, Angloma, Ayala (Djukic), Pellegrino e Carboni; Baraja, Mendieta, Kily González e Aimar (Albelda); Juan Sánchez (Zahovic) e Carew. **Técnico:** Héctor Cuper

REAL MADRID (ESP) 2 X 1 BAYER LEVERKUSEN (ALE)

Data: 15/5/2002
Estádio: Hampden Park (Glasgow, Escócia)
Árbitro: Urs Meier (Suíça)
Público: 50.499
Gols: Raúl 8', Lúcio 13' e Zidane 45' do 1º
REAL MADRID: César Sánchez (Casillas), Michel Salgado, Hierro, Iván Helguera e Roberto Carlos; Makelele (Flávio Conceição), Zidane, Figo (McManaman) e Solari; Raúl e Morientes. **Técnico:** Vicente del Bosque
BAYER LEVERKUSEN: Butt, Sebescen (Kirsten), Zivkovic, Lúcio (Babic) e Placente; Schneider, Ramelow, Bastürk e Ballack; Neuville e Brdaric (Berbatov). **Técnico:** Klaus Toppmöller

MILAN (ITA) 0 (3) X 0 (2) JUVENTUS (ITA)

Data: 28/5/2003
Estádio: Old Trafford (Manchester, Inglaterra)
Árbitro: Markus Merk (Alemanha)
Público: 62.315
Pênaltis: Milan: Serginho, Nesta e Shevchenko; Seedorf e Kaladze perderam. Juventus: Birindelli e Del Piero; Trezeguet, Zalayeta e Montero perderam
MILAN: Dida, Costacurta (Roque Júnior), Nesta, Maldini e Kaladze; Gattuso, Pirlo (Serginho), Rui Costa (Ambrosini) e Seedorf; Shevchenko e Filippo Inzaghi. **Técnico:** Carlo Ancelotti
JUVENTUS: Buffon, Thuram, Tudor (Birindelli), Montero e Ferrara; Tacchinardi, Davids (Zalayeta), Camoranesi (Conte) e Zambrotta; Del Piero e Trezeguet. **Técnico:** Marcelo Lippi

LIGA DOS CAMPEÕES DA EUROPA (FINAIS)

PORTO (POR) 3 X 0 MONACO (FRA)

Data: 26/5/2004
Estádio: Arena AufSchalke (Gelsenkirchen, Alemanha)
Árbitro: Kim Milton Nielsen (Dinamarca)
Público: 53.053
Gols: Carlos Alberto 39' do 1º; Deco 26' e Alenitchev 30' do 2º
PORTO: Vitor Baia, Paulo Ferreira, Jorge Costa, Ricardo Carvalho e Nuno Valente; Costinha, Maniche, Pedro Mendes e Deco (Pedro Emanuel); Carlos Alberto (Alenitchev) e Derlei (McCarthy). **Técnico:** José Mourinho
MONACO: Roma, Ibarra, Rodriguez, Givet (Squillaci) e Evra; Zikos, Cissè (Nonda), Bernardi e Giuly (Prso); Rothen e Morientes. **Técnico:** Didier Deschamps

LIVERPOOL (ING) 3 (3) X 3 (2) MILAN (ITA)

Data: 25/5/2005
Estádio: Olímpico Atatürk (Istambul, Turquia)
Árbitro: Mejuto González (Espanha)
Público: 69.000
Gols: Maldini 1' e Crespo 39' e 44' do 1º; Gerrard 9', Smicer 11' e Xabi Alonso 15' do 2º
Pênaltis: Liverpool: Hamann, Cissé e Smicer; Riise perdeu. Milan: Tomasson e Kaká; Serginho, Pirlo e Shevchenko perdearam
LIVERPOOL: Dudek, Finnan (Hamann), Carragher, Hyypiä e Traoré; Xabi Alonso, Luís García, Gerrard e Riise; Kewell (Smicer) e Baros (Cissé). **Técnico:** Rafa Benítez
MILAN: Dida, Cafu, Nesta, Stam e Maldini; Gattuso (Rui Costa), Pirlo, Seedorf (Serginho) e Kaká; Shevchenko e Crespo (Tomasson). **Técnico:** Carlo Ancelotti

BARCELONA (ESP) 2 X 1 ARSENAL (ING)

Data: 17/5/2006
Estádio: Stade de France (Paris, França)
Árbitro: Terje Hauge (Noruega)
Público: 79.610
Gols: Campbell 36' do 1º; Eto'o 31' e Belletti 35' do 2º
Expulsão: Lehmann 18' do 1º
BARCELONA: Valdes, Oleguer (Belletti), Rafa Marquez, Puyol e Van Bronckhorst; Van Bommel (Larsson), Edmilson (Iniesta), Deco e Giuly; Ronaldinho Gaúcho e Eto'o. **Técnico:** Frank Rijkaard
ARSENAL: Lehmann, Eboue, Toure, Campbell e Ashley Cole; Hleb (Reyes), Fábregas (Flamini), Gilberto Silva e Pires (Almunia); Ljungberg e Henry. **Técnico:** Arsène Wenger

LIGA DOS CAMPEÕES DA EUROPA (FINAIS)

MILAN (ITA) 2 X 1 LIVERPOOL (ING)

Data: 23/5/2007
Estádio: Olímpico (Atenas, Grécia)
Árbitro: Herbert Fandel (Alemanha)
Público: 63.000
Gols: Filippo Inzaghi 45' do 1º; Filippo Inzaghi 37' e Kuyt 44' do 2º
MILAN: Dida, Oddo, Nesta, Maldini e Jankulovski (Kaladze); Gattuso, Pirlo, Ambrosini e Seedorf (Favalli); Kaká e Filippo Inzaghi (Gilardino). **Técnico:** Carlo Ancelotti
LIVERPOOL: Reina, Finnan (Arbeloa), Carragher, Agger e Riise; Pennant, Xabi Alonso, Mascherano (Crouch) e Gerrard; Zenden (Kewell) e Kuyt. **Técnico:** Rafa Benítez

MANCHESTER UNITED (ING) 1 (6) X 5 (5) CHELSEA (ING)

Data: 21/5/2008
Estádio: Luzhniki (Moscou, Rússia)
Árbitro: Lubos Michel (Eslováquia)
Público: 67.310
Gols: Cristiano Ronaldo 26' e Lampard 45' do 1º
Pênaltis: Manchester United: Tevez, Carrick, Hargreaves, Nani, Anderson e Giggs; Cristiano Ronaldo perdeu. Chelsea: Ballack, Belletti, Lampard, Ashley Cole e Kalou; Terry e Anelka perderam
Expulsão: Drogba 11' do 2º da prorrogação
MANCHESTER UNITED: Van der Sar, Brown (Anderson), Ferdinand, Vidic e Evra; Hargreaves, Carrick, Scholes (Giggs) e Cristiano Ronaldo; Rooney (Nani) e Tevez. **Técnico:** Alex Ferguson
CHELSEA: Cech, Essien, Ricardo Carvalho, Terry e Ashley Cole; Makelele (Belletti), Joe Cole (Anelka), Ballack e Lampard; Malouda (Kalou) e Drogba. **Técnico:** Avram Grant

BARCELONA (ESP) 2 X 0 MANCHESTER UNITED (ING)

Data: 27/5/2009
Estádio: Olímpico (Roma, Itália)
Árbitro: Massimo Busacca (Suíça)
Público: 62.467
Gols: Eto'o 19' do 1º; Messi 25' do 2º
BARCELONA: Valdés, Carles Puyol, Yaya Toure, Piqué e Sylvinho; Xavi, Busquets e Iniesta (Pedro); Messi, Eto'o e Henry (Keita). **Técnico:** Pep Guardiola
MANCHESTER UNITED: Van der Sar, O'Shea, Ferdinand, Vidic e Evra; Park (Berbatov), Anderson (Tevez), Carrick e Giggs (Scholes); Cristiano Ronaldo e Rooney. **Técnico:** Alex Ferguson

LIGA DOS CAMPEÕES DA EUROPA (FINAIS)

INTERNAZIONALE (ITA) 2 X 0 BAYERN MUNIQUE (ALE)

Data: 22/5/2010
Estádio: Santiago Bernabéu (Madrid, Espanha)
Árbitro: Howard Webb (Inglaterra)
Público: 73.490
Gols: Diego Milito 35' do 1º; Diego Milito 25' do 2º
INTERNAZIONALE: Júlio César, Maicon, Lúcio, Samuel e Chivu (Stankovic); Zanetti, Cambiasso, Sneijder e Pandev (Muntari); Eto'o e Milito (Materazzi). **Técnico:** José Mourinho
BAYERN MUNIQUE: Butt, Lahm, Van Buyten, Demichelis e Badstuber; Altintop (Klose), Van Bommel e Schweinsteiger; Müller, Olic (Mario Gomez) e Robben. **Técnico:** Louis Van Gaal

BARCELONA (ESP) 3 X 1 MANCHESTER UNITED (ING)

Data: 28/5/2011
Estádio: Novo Wembley (Londres, Inglaterra)
Árbitro: Viktor Kassei (Hungria)
Público: 87.695
Gols: Pedro 27' e Rooney 34' do 1º; Messi 9' e David Villa 24' do 2º
BARCELONA: Valdes, Daniel Alves (Puyol), Mascherano, Pique e Abidal; Iniesta, Busquets e Xavi; Messi, Pedro (Afellay) e David Villa (Keita). **Técnico:** Pep Guardiola
MANCHESTER UNITED: Van der Sar, Fábio (Nani), Vidic, Ferdinand e Evra; Park, Valencia, Carrick (Scholes) e Giggs; Rooney e Chicharito Hernández. **Técnico:** Alex Ferguson

CHELSEA (ING) 1 (4) X 1 (3) BAYERN MUNIQUE (ALE)

Data: 19/5/2012
Estádio: Allianz Arena (Munique, Alemanha)
Árbitro: Pedro Proença (Portugal)
Público: 62.500
Gols: Müller 38' e Drogba 43' do 2º;
Pênaltis: Chelsea: David Luiz, Lampard, Ashley Cole e Drogba; Mata perdeu. Bayern Munique: Lahm, Mario Gomez e Neuer; Olic e Schweinsteiger perderam
CHELSEA: Cech, Bosingwa, Cahill, David Luiz e Ashley Cole; Obi Mikel, Lampard, Kalou (Fernando Torres) e Mata; Bertrand (Malouda) e Drogba. **Técnico:** Roberto Di Matteo
BAYERN MUNIQUE: Neuer, Lahm, Tymoshshchuk, Boateng e Contento; Schweinsteiger, Kroos e Müller (Van Buyten); Ribery (Olic), Mario Gomez e Robben. **Técnico:** Jupp Heynckes

LIGA DOS CAMPEÕES DA EUROPA (FINAIS)

BAYERN MUNIQUE (ALE) 2 X 1 BORUSSIA DORTMUND (ALE)

Data: 25/5/2013
Estádio: Wembley (Londres, Inglaterra)
Árbitro: Nicola Rizzoli (Itália)
Público: 86.298
Gols: Mandzukic 15', Gündogan 23' e Robben 44' do 2º
BAYERN MUNIQUE: Neuer, Lahm, Boateng, Dante e Alaba; Javi Martínez, Schweinsteiger, Müller, Ribéry (Luiz Gustavo) e Robben; Mandzukic (Mario Gomez). **Técnico:** Jupp Heynckes
BORUSSIA DORTMUND: Weidenfeller, Piszczek, Subotic, Hummels e Schmelzer; Blaszczykowski (Schieber), Bender (Sahin), Reus, Gündogan e Grosskreutz; Lewandowski. **Técnico:** Jürgen Klopp

Os autores

Mauricio Rito nasceu em 15 de fevereiro de 1971, na cidade de São Paulo. Especializou-se em ilustrar uniformes de clubes de futebol, tendo em seu acervo quase 4.500 camisas. Passou por grandes portais esportivos, como NetGol.com, UOL Esporte e LanceNet. Foi diretor de arte da *Revista Oficial da S. E. Palmeiras* e hoje é coordenador de web no portal A Gazeta Esportiva.net, além de ser colaborador da Editora Globo, da revista *Placar* e do programa *Loucos por Futebol*. Ilustrou os livros *A história das camisas dos 12 maiores times do Brasil* e *A história das camisas de todos os jogos das Copas do Mundo*, ambos da Panda Books.

Rodolfo Martins Rodrigues nasceu em 6 de novembro de 1975, na cidade de São Paulo. Foi repórter na revista *Placar* e no jornal *Lance!*, editor do site Netgol.com, colunista do site IG Esportes e gerente de conteúdo na Traffic Marketing Esportivo. É autor do *Almanaque das confederações do mundo inteiro*, *Escudos dos times do mundo inteiro*, *A história das camisas de todos os jogos das Copas do Mundo*, *A história das camisas dos 12 maiores times do Brasil* e *O livro das datas do futebol*, todos pela Panda Books, e dos aplicativos *Todas as camisas da história do Corinthians* e *Todas as camisas da história do São Paulo*, disponíveis na Apple Store. Atualmente trabalha como editor do site da *Placar*.